101 个 约会

荣辉说童书

◎彭荣辉　著

南京出版传媒集团
南京出版社

图书在版编目（CIP）数据

101个约会·荣辉说童书 / 彭荣辉著. —— 南京：
南京出版社, 2016.1
ISBN 978-7-5533-1200-2

Ⅰ.①1… Ⅱ.①彭… Ⅲ.①阅读课 – 小学 – 课外读
物 Ⅳ.①G624.233

中国版本图书馆CIP数据核字（2016）第005500号

书　　名：101个约会·荣辉说童书
作　　者：彭荣辉
插　　图：杨晨光
出版发行：南京出版传媒集团
　　　　　南 京 出 版 社
　　社址：南京市太平门街53号　　　　邮编：210016
　　网址：http://www.njcbs.cn　　　电子信箱：njcbs1988@163.com
　　淘宝网店：http://njpress.taobao.com　　天猫网店：http://njcbcmjtts.tmall.com
　　联系电话：025-83283893、83283864（营销）　025-83112257（编务）

出 版 人：朱同芳
出 品 人：卢海鸣
责任编辑：彭　宇　杨淑丽
装帧设计：王　敏
责任印制：杨福彬

排　　版：南京新华丰制版有限公司
印　　刷：江苏凤凰通达印刷有限公司
开　　本：787 毫米×1092 毫米　1/16
印　　张：16
字　　数：170千字
版　　次：2016 年 1 月第 1 版
印　　次：2016 年 1 月第 1 次印刷
书　　号：ISBN 978-7-5533-1200-2
定　　价：39.00 元

淘宝网店

天猫网店

在最适宜的年龄与最好的书相遇

有缘，终会相遇。既是与荣辉兄，也是与他所写的书，以及他所推荐的101本书。

相识相知之后，我还是坚信，哪怕没有全国班主任研究会去年暑假的牵线搭桥，我与荣辉兄终究还是会遇见，只因他是"中国最会讲故事的老师"，而基于我的职业追求，我是不会容忍自己与优秀的他错过的。

但是，太迟的遇见注定会留下许多未知的遗憾，而不像如今这般恰到好处。这跟我们在最适宜的时候与那些经典、美好的书相遇，同样一个道理。

一直以来，我始终秉持这样的理念：在最适宜的年龄与最好的书相遇，那是人生莫大的幸福，而对于孩子来讲，这种相遇，迸发出的不仅是快乐，还会在他们的心底埋下一颗珍贵的种子。

在18岁之前，其实都是孩子成长的春天，作为播种的季节，良好的阅读就是给孩子播下探索、求知、爱的种子，再经由阳光雨露的滋润，孩子方可营养充足地成长。

因此，关于阅读的重要性无须赘言，越来越多的家长也相信并注重阅读，他们从不吝于金钱给孩子买书，再忙也会抽出时间陪伴孩子阅读。但是，一个重要的问题相随而来：孩子该读哪些书？

作为教师也是父亲的荣辉兄，以旁人看来艰辛的坚持，但在他心里，那是一段爱与快乐的旅程。他用了近12年的时间，给孩子们挑出了值得一读再读的101本童书。

"2004年开始，直至今天，12年的时间过去，他一直不遗余力地写作，乐此不疲地讲述，目的只有一个：让天底下所有0—12岁想读书而又不知读什么书的孩子找到他的喜欢、他的爱好，直到养成习惯，积成品

性；让天底下所有不知给孩子读什么书的年轻爸爸和妈妈们，甚至是老师们，找到一个方向、一种归属，一个诗情画意的梦工厂。"

恍惚间，我似是看到了为人类盗取天火的普罗米修斯，又像是看到了历经劫难取回真经的玄奘法师，他们都送来了文明的成果。而这本《荣辉说童书》，一样意义非凡，它让家长在琳琅满目的书籍前不至于迷了双眼，更让孩子在适当的年龄，有了好书可读。

孩子的阅读兴趣如何被点燃，一直是人们热议的话题。因为如果阅读兴趣不能被点燃的话，对于读书，孩子会慢慢坏了胃口，那会导致他们最终的精神发育营养不良。

所以，在最适当的时候，在孩子对这个世界还保有强烈的探索欲望的时候，让他能够接触到好书，其重要性怎么言说都不为过。

善莫大焉。荣辉兄以12年的坚持，所精挑细选的101本书，影响的又岂会是阅读兴趣那么简单。

我想起了一个故事。1965年诺贝尔物理学奖得主朝永振一郎少年时，他的班主任送给他一本《物理的故事》。据朝永振一郎回忆，正是这本书让身体不好的他爱上了物理，走上了研究之路。类似的例子，不胜枚举。

但是，一本书真的有那么大的影响力吗？可能有人说没有，但我选择相信。当一个人真正与书发生了联系，内心真正被触动，定会迸发出无尽的力量与激情。

在荣辉兄所推荐的书中，一定也藏着充满魔力的那一本。

作为父母，我们就把对孩子绵长的爱，都藏在所选取的一本本书中吧。当我们老去的时候，长大成人的孩子必将会在这些经典的童书里，理解父母的良苦用心，也终将懂得父母是多么爱他。

这篇小文姑且称为序。说来，我与荣辉兄只见过一面，但得益于微信等，我们越来越深知。他嘱我写序，实不敢当，所写的文字亦言不尽我对荣辉兄的敬佩。

冯永亮（中国教师报评论周刊主编）

彭老师的"爱心树"

如果，你是一位爱读童书的小朋友，正在为寻找好书发愁，那么《荣辉说童书》为你解愁来了。

如果，你是一名热心儿童文学的老师，正在为孩子们推荐优秀书目而烦恼，那么《荣辉说童书》为你帮忙来了。

如果，你是一位富有爱心的父母，正在为自己的孩子选购优秀童书，那么《荣辉说童书》为你做导购来了。

这是一本作者用近11年时间，阅读、筛选、写作、推荐的优秀儿童文学书籍。11年的时间，倾注了作者多少心血和智慧！

这是一本书，又不是一本书。它用一本书的容量，以讲述故事的方式向读者展示了101本优秀童书的内容。你读这一本书，就相当于吸收了101本优秀童书的精华。

这是一本充满了善良、爱心、温情、幽默、亲情和友情的书。作者选择的标准就是真、善、美三条，唯有真诚、善良、美好的东西方能永存人间，动人心弦。

本书的作者——彭荣辉老师，是我校优秀的语文教师。如果我仅用"优秀"两字还难以呈现彭老师的风貌。

彭老师首先是位好父亲，他有一个可爱的女儿，他和女儿一同成长。他每天为女儿写一篇日记，他说他将会一直写到老去，一直写到写不动的那一天！你见过这样的父亲吗？哪位父亲听了不感慨呢！

彭老师是位有爱心和童心的好老师。他和孩子们打赌，说一年365天要每天写一首童谣，结果他真的一年出了一本童谣集。你见过这样好玩又有毅力的老师吗？你喜欢这样和学生打赌的老师吗？

彭老师是位爱讲故事的老师。一有空，他就给孩子们讲故事，他讲

《可爱的鼠小弟》，引得大家哈哈大笑；他讲《花婆婆》，让孩子们思考良久；他讲《草房子》，讲到动情处，孩子们泪光点点。

《101个约会·荣辉说童书》就是彭老师献给孩子们的"爱心树"。我相信，这爱的种子播撒在孩子们纯洁、善良、温暖的心田，一定会长出美丽动人的花朵，把人世间装扮得分外温馨美好。

是为序。

孙双金

（孙双金，正高级教师，特级教师，享受国务院特殊津贴专家，江苏省人民教育家培养工程导师，南京市北京东路小学校长）

目 录

可爱的鼠小弟 ·············· 001

逃家小兔 ················ 004

荷花镇的早市 ············· 006

爷爷一定有办法 ············ 008

猜猜我有多爱你 ············ 010

我是一只蓝色猫 ············ 012

彩虹的尽头 ·············· 015

再见了，艾玛奶奶 ··········· 017

勇气 ·················· 019

月亮的味道 ·············· 022

爱心树 ················· 025

獾的礼物 ················ 027

花婆婆 ················· 030

犟龟 ·················· 032

你大我小 ················ 035

没头没尾的故事 ············ 037

活了100万次的猫 ··········· 039

红气球不见了 ············· 042

有一天 ················· 045

安的种子 ················ 047

奶奶来了 ················ 049

点 ···················· 051

失落的一角 ···················· 053

石头汤 ···················· 056

亲爱的汉修先生 ···················· 060

毛毛、丢丢和小小 ···················· 062

赶雪节的铃铛 ···················· 064

毛鲁斯去旅行 ···················· 066

不一样的卡梅拉 ···················· 068

花格子大象艾玛 ···················· 071

列那狐的故事 ···················· 073

大个子老鼠小个子猫 ···················· 076

小猪唏哩呼噜 ···················· 078

大象学校 ···················· 081

小屁孩日记·一年级屁事多 ···················· 084

小屁孩日记·二年级趣事多 ···················· 086

小米的四个家 ···················· 089

笨狼的学校生活 ···················· 091

梦里花香 ···················· 094

乌丢丢的奇遇 ···················· 096

戴小桥和他的哥们儿——特务足球赛 ···················· 099

戴小桥和他的哥们儿——喝汤的土匪 ···················· 101

戴小桥和他的哥们儿——逃跑的马儿 ···················· 103

拇指班长 ···················· 105

去年的树 ···················· 108

书包里的老师 ···················· 110

"淘气包马小跳"系列之"小英雄和芭蕾公主" ···················· 112

非常小子马鸣加 ···················· 115

我的儿子皮卡·尖叫 …………………………………………… 118

我的儿子皮卡·跑偏的人 ……………………………………… 121

再见了，小气鬼 ………………………………………………… 123

苹果树上的外婆 ………………………………………………… 126

我教爷爷学会爱 ………………………………………………… 129

我的责任我来扛 ………………………………………………… 131

桥下一家人 ……………………………………………………… 133

妈妈走了 ………………………………………………………… 135

魔镜 ……………………………………………………………… 137

木偶奇遇记 ……………………………………………………… 139

格列佛游记 ……………………………………………………… 141

吹牛大王历险记 ………………………………………………… 143

柳林风声 ………………………………………………………… 146

一百条裙子 ……………………………………………………… 148

e班e女孩 ………………………………………………………… 151

感悟父爱——震撼心灵的101个真情故事 ………………… 153

感悟母爱——震撼心灵的118个真情故事 ………………… 155

女儿的故事 ……………………………………………………… 157

我的故事讲给你听 ……………………………………………… 159

警察游戏 ………………………………………………………… 161

晚安，老爸 ……………………………………………………… 163

动物神勇故事 …………………………………………………… 165

动物智慧故事 …………………………………………………… 167

动物亲情故事 …………………………………………………… 169

藏獒渡魂 ………………………………………………………… 171

情豹布哈依 ……………………………………………………… 174

斑羚飞渡 ………………………………………………………… 176

西顿野生动物故事集 …………………………… 178

夏洛的网 …………………………………… 180

窗边的小豆豆 …………………………… 182

那个骑轮箱来的蜜儿 …………………… 184

漂亮老师和坏小子 ……………………… 186

亲亲我的妈妈 …………………………… 188

今天我是升旗手 ………………………… 190

会走路的小房子 ………………………… 193

特别的女生萨哈拉 ……………………… 196

单翼天使不孤单 ………………………… 199

蓝色的海豚岛 …………………………… 201

牵一只蜗牛去散步 ……………………… 203

不老泉 …………………………………… 206

鲁滨逊漂流记 …………………………… 209

女生贾梅全传 …………………………… 212

我的妈妈是精灵 ………………………… 215

少女的红发卡 …………………………… 218

米兰的秘密花园 ………………………… 221

赛里斯的传说 …………………………… 225

草房子 …………………………………… 228

细米 ……………………………………… 231

丁丁当当·黑痴白痴 …………………… 233

根鸟 ……………………………………… 236

佐贺的超级阿嬷 ………………………… 238

绿光芒 …………………………………… 241

绿山墙的安妮 …………………………… 243

可爱的鼠小弟

【日】中江嘉男 | 文，【日】上野纪子 | 图
赵静　文纪子 | 译

有只可爱的小老鼠，男性，所以朋友们都称它为"鼠小弟"。

有一天，妈妈给鼠小弟织了件红色的小背心。鼠小弟穿上试了试，然后两手叉腰镜子前照了照，不大不小，不胖不瘦，正合适。它很得意。于是，他哼着歌儿走出了家门。它要和朋友们分享它的喜悦。

迎面走来一只大白鹅。鼠小弟连忙走近了打招呼："妈妈给我织的小背心。挺好看吧？"

大白鹅眼睛一亮："小背心真漂亮。让我穿穿好吗？"

"嗯。"鼠小弟想也不想，张口便应。

就这样，鼠小弟的小背心被大白鹅穿上了身。穿上了红背心的大白鹅很得意。它挥一挥翅膀，再扭一扭屁股，感觉真是不一样。她想，这样漂亮的小背心，要让朋友们看一看才好呢。于是，一路走，她一路唱。巧的是，猴子正好走过来。

大白鹅有意拍了拍翅膀，将红背心给一览无遗地露出来："有点紧，不过还挺好看吧？"

"小背心真漂亮。让我穿穿好吗？"猴子看得发呆，迫不及待地提出请求。

大白鹅也慷慨。于是，小背心又穿到了猴子的身上。有点紧，猴

子忍不住耸了耸肩，抻一抻脖子和胳膊。可是，上下看了看，左右瞧一瞧，还挺好看的。于是，猴子也很得意。不料，正喜不自胜的时候，小海狮走了过来。

"小背心真漂亮。让我穿穿好吗？"像是早商量好的，小海狮也这样说。

"嗯。"猴子很爽快，一边应，一边就脱下鼠小弟的小背心。当然，他并不知道这是鼠小弟的小背心。

可以想象海狮穿上之后的感觉。是的，当然有点紧。毕竟，它比猴子大了好几号来着。只是，除了勒得有点不舒服，海狮并没觉得有什么异样。相反，它觉得也挺好看的。

可是没完。因为正得意着，狮子来了。于是，还是同样的赞叹、一样的请求，不一会儿，狮子又穿上了鼠小弟的小背心。紧是自然的。但狮子同样觉得挺好看。

然而，仍旧没完。因为一匹马来了，之后一头大象也来了。结果呢，鼠小弟的小背心被越穿越大，越穿越大，最后大到拖在地上，像足了一条长长的绳子。

再次见到自己小背心的鼠小弟，根本不知道这中间到底发生了怎样的故事。它很沮丧。那是妈妈给它织的小背心，很漂亮的一件小背心，一件崭新的红色的小背心。但只是半天不到的工夫，就完全变了模样。更紧要的是，它才试穿了一次。它才只穿了一次，就变成……它拖着小背心，那件比它不知要长多少倍的小背心，垂头丧气，有气无力地走在回家的路上。

不过，不用担心。才走出几步，大象便央了鼠小弟一起来游戏。做

什么游戏呢？大象伸直了鼻子，鼠小弟拿出它的小背心。哈哈，长长的像根绳子的小背心，原来还可以用来挂在大象的鼻子上荡秋千。荡啊，荡啊，飞过来，又飞过去。鼠小弟乐得合不拢嘴，大象也笑得眼睛快眯成了一条线……

　　这就是一直倍受日本孩子们青睐的鼠小弟的故事，有趣而温馨，简洁而又耐人寻味。当然，这只是其中之一。所以，快快读起来吧。相信，只要走进，便有惊喜。

逃家小兔

【美】玛格丽特·怀兹·布朗 | 文，【美】克雷门·赫德 | 图
黄逎毓 | 译

一只小兔子，他想离家出走。出走就出走吧，这并没有什么。问题是，他还小，小到出走这样的事儿，还要提前和妈妈汇报。这不，有一天，他鼓足勇气奶声奶气地对妈妈说，我要跑走啦。妈妈的回答让他吃惊：如果你跑走了，我就去追你。至于理由，妈妈则说，因为你是我的小宝贝呀。小兔呢？自然不答应了。毕竟，他是一只想离家出走的小兔啊。更何况，这还是一个久已酝酿好的重大决定。于是，一场你追我逐的游戏拉开了序幕。

你如果来追我，我就变成溪水里的小鳟鱼游得远远的，小兔说。小溪里有水，只要躲到水下面去，妈妈就一定找不到了，小兔想。可是，兔妈妈毕竟是兔妈妈。如果你变成了溪里的小鳟鱼，我就变成捕鱼的人去抓你，兔妈妈说。

小兔急了。你变成捕鱼的人，我就要变成高山上的大石头，让你抓不到我，他说。你下，我上，这叫反其道而行之，小兔想。可是，兔妈妈仍旧不依不饶：如果你变成高山上的大石头，我就要变成爬山的人，爬到高山上去找你。

小兔岂肯轻易就犯。如果你变成爬山的人，我就要变成小花，躲在花园里，他说。什么是花园啊？就是到处是花，红的，黄的，蓝的，紫

的，粉的，各色鲜艳的花儿应有尽有。你挨着我，我挨着我，谁也分不清谁是谁。可是，妈妈依旧执着得厉害：你如果变成了小花，我就变成园丁，我还是会找到你……

就这样畅想着，游戏着，似乎只是一瞬间的功夫，逃家小兔和兔妈妈凭借着他们丰富的想象力和智慧，演绎出一幕又一幕动人的故事。小兔先后变成小鸟、小帆船、马戏团的空中飞人、跑回家的小男孩，可是最终始终逃脱不了兔妈妈的追逐寻找。因为她变成了树、风、马戏团走钢索的人、男孩的妈妈——树让鸟儿回家，风将帆船吹向它想要它去的方向，走钢索的在半空中正好遇着空中飞人，男孩的妈妈会用手臂好好抱住他。逃无可逃，小兔泄气了：我不如就待在这里，当你的小宝贝吧。他真的这么办了。结果呢？妈妈说：来根红萝卜吧。

这是一个用语言来玩捉迷藏游戏的简单故事。故事简单的不能再简单，可是就那么屈指可数的几段话，却让世界上的所有人为之着迷。因为爱！小兔一直想实现逃家的愿望，可是兔妈妈一直紧追不舍。她跋山涉水，甚至铤而走险，为的只是：你是我的小宝贝呀。

走进，你会觉得好玩，有趣。你更会深深地感受到：母爱的伟大与无边，母爱的深沉与浩瀚。于是，看着看着，你会情不自禁地喊出来：妈妈，想你，爱你！

荷花镇的早市

周翔 | 文图

　　这是一本优秀的绘本。换句话来说，就是一本优秀的儿童图画书。关于此，著名儿童文学家曹文轩先生如是说："这是一本具有中国风格的绘本，它是中国绘本的优美开端。"

　　为了给七十岁的奶奶过生日，阳阳跟着爸妈一起回到乡下的奶奶家。明天就是奶奶的七十寿诞了，他要跟姑姑一起到集市上买东西。第二天一大早，阳阳就和姑姑坐着小船向集市划去。因为起得早，一路上阳阳基本处于熟睡状态。快到的时候，姑姑唤醒了他。于是，他看到船划进了一条小河。这里的房子很特别，几乎都是盖在水里。河就是路，船就是车子。他们来得很早。可是，尽管如此，那小河的两岸也早已挤满了船。这边卖菜的，那边卖酒的，热闹非凡。下了船，走进一条巷子，他们看到越来越多卖东西的人。姑姑一路热情地与熟人打着招呼。遇着李师傅时，姑姑在他那儿订了蛋糕。后来，又买了鞭炮。在菜市场，姑姑买了两只肥鸡。后来，姑姑又买了些面条。过生日，要吃长寿面的，不是吗？

　　更开心的是阳阳。城里不曾看到的许多新鲜玩意儿，在这儿他看了个够。譬如叽叽叫的毛茸茸的小鸡仔，譬如用花轿去接新娘子，再譬如"咚咚锵，咚咚锵"唱露天大戏……遗憾的是，他还没有玩尽兴的时

候，买好东西的姑姑却说要回家了。他恋恋不舍。可是，没办法。奶奶还在家里等着他们呢。是呀，家里肯定更热闹……

就这样，故事到此戛然而止。内容结束了吗？没有。如绵长而极富情意的一幅幅画卷，以极其细腻的笔触展现出的江南水乡小镇，汩汩流出江南水乡特有的浓浓生活气息和丰厚人情味。这里的河水灵动而清澈；这里的乡亲聪慧而淳朴。读着，看着，不经意间，便会勾起人对往事的诸般回忆，对童年美好生活的太多向往。那时的天空很蓝很蓝，那时的河水清洁无比，那时的人情温暖亲和。作者周翔这样说：正是这样一种追忆和思念的心情，促使我画出了《荷花镇的早市》，这是我童年记忆的再现……

作者说，这是一本献给自己妈妈和世界上所有妈妈们的书。读一读吧，里面有你和你妈妈的影子，甚至你奶奶或是外婆的影子。记忆中那些个永不褪色的风景，错过了就太可惜啦。

爷爷一定有办法

【加】菲比·吉尔曼 | 文图，宋珮 | 译

约瑟从小就和爷爷建立起了浓厚的感情。他相信爷爷一定有办法把旧东西变成新东西。而事实上，几乎每次爷爷都能让他如愿以偿。譬如——

当约瑟还是娃娃的时候，爷爷为他缝了一条奇妙的毯子。毯子既舒服，又保暖，每天盖在约瑟的身上，绵绵软软。约瑟把它盖在身上，还可以把噩梦赶跑。不过，约瑟渐渐长大了，这条奇妙的毯子也一天天变得老旧了。有一天，妈妈对约瑟说，毯子又破又旧，该把它丢了。约瑟急了："爷爷一定有办法。"然后，就拿着毯子跑着去找爷爷。爷爷拿起毯子，翻过来，又翻去。爷爷研究了好久，真的拿起剪刀咔吱咔吱地剪呀剪，用针飞快地缝啊缝。他说："这块料子还够做……"结果，一件奇妙的外套诞生了。

然而，约瑟渐渐长大，奇妙的外套也一天天变得老旧了。有一天，妈妈对约瑟说，外套缩水了、变小了，一点儿也不合身了，该把它丢了。约瑟仍旧说："爷爷一定有办法。"约瑟拿了外套跑着去找爷爷。爷爷拿起旧外套，还是翻来覆去地研究，然后真的就拿起剪刀开始咔吱咔吱地剪啊剪，用针飞快地缝啊缝。他说："这块料子还够做……"结果，一件奇妙的背心诞生了。

后来，当背心沾了胶和颜料的时候，爷爷又把它做成了一条奇妙的领带。当领带沾了汤变了形的时候，爷爷又把它做成了一块奇妙的手帕。当手帕也变得破破烂烂、满是斑斑点点的时候，爷爷又把它做成了一颗奇妙的纽扣。这颗纽扣就安装在约瑟的吊带上。遗憾的是，有一天这颗纽扣不见了。约瑟找遍所有的地方，就是没有找到它。爷爷没有办法"无中生有"。但是，第二天上学的时候，约瑟却仿着爷爷的口气说："这些材料还够……"结果，他写成了一个奇妙的故事。

这是一本曾经荣获加拿大克力斯堤先生书奖、露丝·史瓦兹奖及维琪·麦卡夫奖的优秀绘本。作者用富有节奏的文字来重述，既温馨，又朗朗上口。而作为一本绘本，其间穿插的一幅幅形象逼真、色彩斑斓的图画，则细腻地描绘出这个充满异域特色而又富有浓郁人情味的小镇和约瑟的家庭。不管是人们丰富的表情，还是琳琅满目的家具和物品，都非常生动、传神。奇妙的是，画面下方还有一个老鼠家庭。跟着约瑟的长大，伴随着约瑟那条毯子的演绎变化，老鼠一家忙忙碌碌、其乐融融，精彩纷呈的居家生活，则为读者带来额外的阅读乐趣。

猜猜我有多爱你

【爱尔兰】山姆·麦克布雷尼 | 著

【英】安妮塔·婕朗 | 图，梅子涵 | 译

  闲暇时候，每个人或许都有和他人"比一比"的经历。比什么呢？比吃的，比喝的，比用的，比玩的……可是，你见过有比一比谁比谁更爱谁的吗？《猜猜我有多爱你》讲述的正是这样的故事。

  故事的主人公是两只兔子：一只小栗色兔子和一只大栗色兔子。大栗色兔子是小栗色兔子的爸爸，小栗色兔子是大栗色兔子的儿子。一天晚上，小栗色兔子该上床睡觉了。可是，他突然紧紧抓住大栗色兔子的长耳朵不放，他要大栗色兔子好好听他说。他说："猜猜我有多爱你？"大栗色兔子摇了摇头，笑笑说猜不出来。于是，小栗色兔子就将两条手臂向两侧努力伸直，满满地张开，开到不能再开："这么多。"他很夸张地说。然而，他的手臂又岂能长过大栗色兔子的手臂呢？于是，当大栗色兔子将手臂张开说"我爱你有这么多"的时候，他就有些气短："这真是很多。"可是，小栗色兔子并不罢休。

  第二次，他将两只胳膊举起来，举得老高老高："我的手举得有多高，我就有多爱你。"但有什么用，大栗色兔子的个子要高过小栗色兔子许多。于是，当大栗色兔子也将手举得高高说"我的手举得有多高，我就有多爱你"的时候，小栗色兔子便又只好保持沉默："我要是有那么长的手臂就好了。"

不过，小栗色兔子并没有就此服输。他将自己倒立起来，把脚撑在树干上，把身子绷得笔直笔直，努力把整个身子抻长："我爱你一直到我的脚趾头。"可是，大栗色兔子一边笑，一边很轻松就将小栗色兔子抱起来甩过自己的头顶："我爱你一直到你的脚趾头。"

……

就这样，小栗色兔子和大栗色兔子没完没了地比着，比着谁比谁爱对方多一些，直至最后小栗色兔子实在困得不行，闭上眼睛，被大栗色兔子放在用叶子铺成的床上，和自己睡在一起。

有怎样的感受呢？或许正如编者所说：当你很爱很爱一个人的时候，也许，你会想把这种感觉描述出来。可是，就像小兔子和大兔子发现的那样：爱，实在不是一件容易衡量的东西。因为"爱"，读后合上，相信你还会在以后的某个时候重新拾起。并且，不止一次。因为不经意间，这很容易让人想到自己，想到自己的母亲和父亲，想到更多的人，想到更多的有关爱的故事。

哦，忘了说了，这是一本绘本，也就是图画书。穿插在文字中的那些精美的、色彩鲜艳的画儿，同样会让你大饱眼福。

我是一只蓝色猫

【法】安娜·米尔曼 | 文，埃里克·加斯泰 | 图，周国强 | 译

　　我是一只猫。不过，我既不是灰色、棕色、黑色，也不是虎皮色的。我是一只蓝色的猫。

　　我觉得自己好美好美。可是，并不是所有的人都这么看，尤其是农场主太太。其实，我一出生，她便有了意见。她把我丢进一大盆肥皂水中清洗。可是，你知道，我是与生俱来的蓝色，所以洗完以后身子真的是干净了，但皮毛的颜色却依旧是那么的蓝。结果可想而知，是的，农场主太太恼怒了。确切说来，是她恶狠狠地给了我一脚，然后让我"滚"。她不容许我的与众不同。

　　我很爱很爱我的家。可是，因为农场主的缘故，我只能成为一只流浪猫。好在，流浪猫也没有什么不好。饿了我可以逮老鼠吃。爬上树枝或是屋顶，我突然从天而降，好家伙，那就是一小块天空掉了下去。小老鼠认不出来，自然乖乖就犯。但遗憾的是，老鼠总是灰色的，像下雨天一样暗淡的灰色。我喜欢欢快的色彩。我爱走在秋天金黄色的树叶子上，爱看橙色的太阳挂在绿色的原野上。我曾以为大海与我同色相怜，一定会热情地欢迎我，所以我去看它。但结果它说蓝色对于一只猫来说太奇怪了，甚至于还故意让一朵浪花打湿了我的爪子。离开大海，我去了大城市。马路上，我看到许许多多的蓝色，房子，花，鸟儿，车，甚

至还看到一个穿一身蓝色的女人。就连她的帽子、手套、皮鞋也都是蓝色的。我觉得她会喜欢我。可出乎意料，我一靠近，她居然扯着嗓子尖叫起来，说我讨厌，说我丑死了。第二天，我遇上一位大学问家。他对我很感兴趣，把我带进了他的实验室。我很欣慰，自以为终于找到喜欢我的人了。可是，我一直被关在笼子里。为了自由，我选择了逃离。此后，我又进了马戏团。但没有什么用。事实是，我刚上舞台，便被观众砸了许多烂西红柿。

　　我最终选择了去英国这个地方。在一座城市，当我正看着马路上一模一样的房子难过地落泪时，一个头发比松鼠尾巴还要蓬松、颜色比太阳还要红还要亮的小姑娘温柔地对我说："漂亮的蓝猫，不要难过呀！"她说她的头发挺奇怪，可她一点儿也不难过，甚至她一直以此为荣。她就是荆棘林的小火苗。她抱着我到了她的家。这个家好奇怪，一扇门宽得出奇，一扇门又那么高。更奇怪的是，她的叔婆体重一百六十公斤却长着世界上最柔软的关节，白胡子的叔公穿大方格子的裙子，爸爸身高两米五，妈妈却只有三只苹果那么高。可是，你知道吗？他们都叫我"漂亮的法国小猫"，和我一样喜欢欢快的色彩。

　　我终于找到了新家。有什么好奇怪的呢，我是一只蓝色猫，我就是我！

彩虹的尽头

【英】A.H.本杰明 | 文，【英】约翰·本德尔·布朗耐罗 | 图
汪芳 | 译

彩虹有尽头吗？有。至少獾和狐狸这样认为。

一道明亮清晰的彩虹挂在天上，像宝石项链一样。獾和狐狸盯着它都看呆了。獾说，彩虹的尽头有宝贝。那宝贝可能是金的，或者银的，或者宝石的，谁拥有它谁就可以永远永远富有。狐狸不由得兴奋起来。于是，他们一起奔向彩虹的尽头。他们要去找寻彩虹尽头的宝贝。

獾和狐狸走路的时候，他们满脑子想的都是宝贝。途中，他们遇到了一只小松鼠。他们看到松鼠的时候，松鼠正坐在一堆橡果前面。他们走过去的时候，松鼠急了："走开！你们不许偷我的宝贝！"狐狸不解。松鼠说，对他来说，宝贝就是冬天的食物，没有什么比这更重要的了。橡果什么的，也能被称之为宝贝？獾和狐狸不以为然。他们继续向前走去，他们要寻找真正的宝贝。

在一条小河边的草丛中，獾和狐狸看到了鸭妈妈。鸭妈妈正急切地呼唤着："我的小宝贝！你在哪儿？"随着她的呼唤，一只金黄色的、毛茸茸的小鸭子扇着翅膀跑了过来。獾和狐狸被弄糊涂了。而鸭妈妈的解释却是，她爱她的宝宝，胜过爱这个世界上的任何东西。对于她来说，小鸭子就是她的宝贝。獾和狐狸再次面面相觑。

在一个小山坡上，他们看见了兔子爷爷。兔子爷爷告诉他们，他

的回忆就是他的宝贝，比如他做过的事情，他去过的地方，他爱过的朋友……这些都是他的宝贝。

獾和狐狸滑下山坡时，忽然就下起了雨。彩虹消失了。獾和狐狸不得不躲到一棵树下。等待雨停的时候，他们想起了松鼠——他有足够的食物吃，多开心啊！他们想起了鸭妈妈和她心爱的宝宝……他们还想到了兔子爷爷。无疑，兔子爷爷也是幸福的，因为他有太多的回忆。这样想着想着，他们忽然觉得"宝贝"本来就不是金的，不是银的，也不是宝石的，而是一些特别的东西，是一种可以让自己变得非常非常开心的东西。刹那间，他们豁然开朗——"你是我的宝贝！"獾跳起来。"你也是我的宝贝！"狐狸拉起獾转起了圈儿……

真正的宝贝，它永远只藏在我们每个人的心头。

再见了，艾玛奶奶

【日】Atsuko Otsuka | 摄影·文字，【日】猿渡静子 | 译

再见，是个我们司空见惯或是听惯了的词儿。可是，这里的"再见"却是"永别"。是的，"再见了，艾玛奶奶"便就是"永别了，艾玛奶奶"。艾玛奶奶去了，去往我们并不知道的另一个世界。对于生命的诞生，我们常要满怀欣喜地做些准备。可是，你见过有人为生命的终结也平静而从容地做着准备吗？艾玛奶奶便是这么一个让人难以忘怀的人。

故事以一只猫的口吻来叙述。这只猫，名叫思达。两岁那年，它被奶奶带回了家。奶奶生命的最后一年，思达一直与她生活在一起。于是，它见证了那段让人无法释怀的记忆。

奶奶病了。医生告诉她，她活不了多长时间了。奶奶告诉思达："我的生命可能只剩下一年了，看样子，该做一些准备了。"她开始写她的家族史。只要得着空闲，她便开始写。从童年到结婚生子，从工作到生命的最后一息。奶奶说：我想快乐地生活到最后一刻，就算自己病了，也还要像过去那样生活。

星期天，奶奶像往常一样去老人俱乐部吃早餐。出门前，她依然要化妆。她仍旧做着她最喜欢做的事儿，譬如修剪院子里的花花草草……有一天，奶奶动也不能动了，被送进医院。出院后，她在一份材料上签

了字。材料的大意是：我同意，当我病情恶化、失去意识的时候，不要采取急救措施，无意义地延长生命。奶奶希望能安静地走。没有悲伤，也没有恐惧。

亲友们来看奶奶。陆陆续续地来。有时候一个，有时候两个，有时候更多。有人难过。可奶奶依旧从容。每天晚上她仍然要细心地保养皮肤。女儿和女婿一直陪伴和照顾着她。慢慢的，奶奶只能靠步行器走路了。到后来，奶奶就只能用轮椅代步了。身体越来越虚弱的时候，奶奶给每个家人写了一封信，她生命中的最后一封信。她想给大家留下一份勇气。

一天傍晚，奶奶静静地停止了呼吸……

奶奶走了。她留给大家的，是生命的尊严，对家人的爱和平静的勇气。她教给人的，是对死亡的重新认识：死亡并不可怕，与生一样，它也可以豁达、从容，甚至美丽。

一本特别的图画书。一个真实的故事。作者是在艾玛奶奶生命结束前的最后两个月一直与她住在一个房间的一位女性。她用一幅幅黑白相片组成了艾玛奶奶生命最终的图画。从中，我们感受到浓浓的爱意，无论是艾玛奶奶，还是她的亲友，甚至是那只名叫思达的猫。

勇气

【美】伯纳德·韦伯 | 文图，阿甲 | 译

有没有想过勇气是什么？如果过去不曾想过，不妨现在想想。有兴趣的，也可以画出来，或者写下来。因为保不准，你画着写着，写着画着，就有了一本书的样子，然后让人瞠目结舌，艳羡不已。这不，韦伯就是我们的好榜样。

勇气是什么呢？毋庸置疑，它有很多种。有的令人敬畏，譬如像马戏团里的空中飞人，在半空中飞来荡去，只听得耳边呼呼风声，如在云端疾驰翱翔。譬如就像走钢丝，手握一根横杆，一步一步，如履薄冰，惊险万分。有的却平平淡淡，站在游泳池边，抑或高台之上，口里边喊一声"1，2，3——"或是"预备，跳——"，一头扎进泳池，然后就听得"扑通"一声，水花四溅。惊险也好，欣喜也罢，只要勇往直前，无所畏惧，就都是勇气。

第一次骑车，你不用安全轮，这就是一种勇气。小弟弟在你面前，你一副舍我其谁的架势，让别人尽可能远离，这是一种勇气。晚上夜深人静，由你去查看各个房间里的动静，这是一种勇气。第一次遇见一种新鲜蔬果，你去尝试而不做鬼脸，这是一种勇气。刚搬到一个新地方，遇见新的朋友，你主动伸出你的手，说出你的名字，这是一种勇气。甚至于，你有两块糖，却能留下一块到第二天吃，你看侦探小说，从不先

偷看结尾，你和别人发生争执，总是第一个去讲和，这些都是勇气。事无巨细，只要敢为人先，勇于尝试，懂得计划、忍让和宽容，就都是勇气。

当然，勇气还有许多其他的面孔和模样。大家都在严肃的时候，你突然想起一个好傻的笑话，却能忍住不笑，这就是一种勇气。你爱花，却不摘它，这就是一种勇气。你明明怕黑，却不开灯就上床睡觉，这就是一种勇气。你裤子不小心弄破了，爸妈问起来，你坦然解释得清清楚楚，毫无保留，这就是一种勇气。纵然失败了也不沮丧不气馁，坚持还要再来一次，哪怕一切重新开始，这就是一种勇气。明知高山还要去爬，明知深海还要去探，这就是一种勇气。无论何时，都能坚持自己的梦想，这就是一种勇气。明明知道消防员和警察是很危险的职业，却要立志长大了去做他们，这就是一种勇气。还有，在必要的时候和一些人或是事挥手告别说再见，看到一棵小草从地里面吐出新芽儿，宁静的夜晚和一只狗儿相偎相依，这都是一种勇气。不论对事对物，知道克制，懂得珍惜，敢于面对，喜欢改变，不放弃也不抛弃，就都是一种勇气。

是不是有所感触？还等什么？趁着这种感觉还清晰的时候，赶快行动起来，画一画，或是写一写吧。要知道，这同样是一种勇气。

月亮的味道

【瑞士】麦克·格雷涅茨 | 文图，漪然 彭懿 | 译

谁都知道，糖是甜的，盐是咸的，醋是酸的，胡椒是辣的。那么，月亮呢？月亮有味道吗？如果有味道，它会是什么样的呢？是甜的吗？要不，就是咸的……你不知道？那么，你有试着去尝一尝么？因为不知道，才要去弄个究竟。至少，有几个动物是这样想的。哪怕只是尝一小口月亮也好。

其实，这不是大家一时的冲动。事实是，每当到了夜晚，它们看到月亮的时候，都会这样想。可是，有什么用呢？尽管伸长了脖子，也伸长了手，还伸长了腿，大家还是够不着月亮。得想个办法，不是吗？

有一天，一只小海龟终于下定了决心。它要爬到最高的山上，然后去摸一摸月亮。它真的这么做了。到了山顶，他果然离月亮近多了。遗憾的是，小海龟还是够不着月亮。于是，它叫来了大象来帮忙。大象来了，小海龟让大象站到自己的背上。这样，它们就可以更高了，是吧？可是，月亮却当它们在和自己做游戏，于是，就在大象鼻子往上一伸的时候，它轻轻地往上跳了一跳。结果，大象没有够着。

小海龟和大象就此退缩了吗？没有。大象叫来了长颈鹿，让它跳到自己的背上。可是月亮一看到长颈鹿，又轻轻地往上跳了跳。于是，当长颈鹿伸长脖子的时候，它还是没有能够够着月亮。长颈鹿没有灰心，

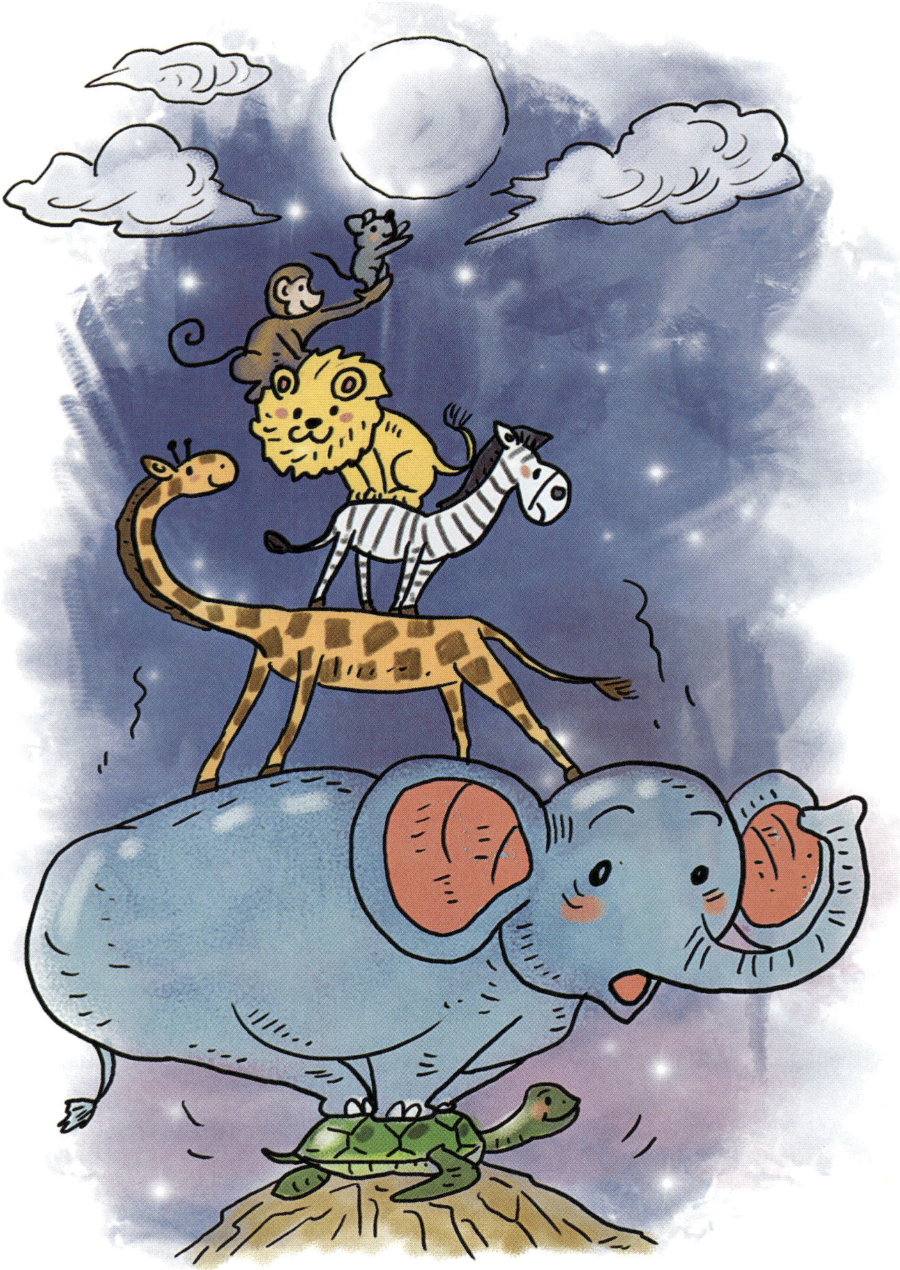

它又叫来了斑马。接着，斑马又叫来了大狮子。尔后，狮子又叫来了狐狸。狐狸呢，又请来了猴子。可是，让人沮丧的是，它们就这样叠罗汉似的一个站在另一个背上，一次又一次地尝试，结果却还是没有能够够着月亮。因为每当它们就要够到的时候，月亮总是向上跳了一跳。对，月亮就只是向上跳了一跳，它们就谁也够不着。

最后，动物们叫来了老鼠。这么个小不点，肯定捉不到我的，月亮想。于是，它都懒得动一动了。因为它玩累了。出人意料的是，"咔嚓"一声，老鼠竟然咬下了一片月亮。然后，大家都分到了一口月亮。

月亮的味道怎样呢？大家都觉得，这是它们吃过的最好吃的东西。入夜，尝到了月亮的味道的动物们，心满意足地挤在一起睡着了。却不想，池塘里的一条小鱼目睹了这全部的过程，它不由奇怪：为什么要那么费力？我身边不就是一个月亮么……

你是那只小海龟么？要不，就是大象，或是长颈鹿？不急，慢慢读，慢慢想，故事里描绘的，正是你和你的小伙伴们儿时五彩斑斓的影子。

爱心·树

【美】谢尔·希尔弗斯坦 | 文图，傅惟慈 | 译

树有心么？有的！不仅有，而且还可能是一颗爱心。至少，《爱心树》里的这一棵苹果树就是这样。

有一棵大树，它是苹果树。它喜欢上一个男孩。每天，这个男孩都会跑到苹果树下来玩。小男孩从树上采集树叶，给自己做王冠。他还常常爬上树干，找根坚实而又柔韧的树枝坐下来，自娱自乐荡秋千。秋天的时候，他则爬上大树，快乐而随意地吃树上结的苹果。他还经常和大树玩捉迷藏的游戏。累了，他就躺在树荫下睡觉。他爱这棵苹果树。因为它给他带来太多的快乐。为此，大树很快乐。

可是，时光飞逝，男孩子渐渐长大，大树则常常感到孤寂。因为男孩子很少来看它了。有一天，男孩终于来了。大树很高兴。它激动地说：来吧，孩子，来我身上荡秋千，吃几个苹果，再到阴凉里玩一会儿吧。男孩却说，我需要钱，我想买些好玩儿的东西。大树说，我没有钱，不过，我有苹果。你将我的苹果拿去换吧。男孩走了，带着从大树上摘下来的很多很多的苹果。大树很快乐。

很久很久，男孩都没有来看望大树。大树很难过。有一天，男孩又来了。大树很高兴。它甚至有些兴奋：来吧，孩子，来我身上荡秋千吧，你会很快活的。可是，男孩告诉他的却是：我需要一幢房子保暖，

我要娶个妻子，还要生好多孩子。大树说，你将我的树枝砍下去盖房子吧。男孩走了，带着从大树身上砍下来的所有树枝。大树很快乐。

很长时间过去，男孩没有再来看望大树。当他终于回来的时候，大树非常高兴。它声音沙哑：来吧，孩子，来和我玩玩吧。可是男孩却说，我不愿意玩了，我需要一条船去远方。大树说，将我的树干砍断用来做船吧。男孩走了，带着大树的树干。他要用大树的树干做一条远行的船。大树很快乐。但是心里却有些……

再来的时候，男孩已经老了。大树有些沮丧，我已经没有什么可以再给你的了。男孩说：我现在什么都不需要，我只是想，只是想找个安静的地方坐一坐，好好休息休息，我，我太累了。大树说：我这个老树墩正好可以让你坐在上面休息。男孩子坐下了。大树很快乐。

故事温馨动人，而又略带哀伤。读罢，你也许会掩卷沉思。不奇怪，因为施与受，因为爱与被爱。简单朴实的插图，与浅显而又极富哲理的文字相互融合，集成了绘本世界中的这一经久不衰的著名典范。不读，绝对是个遗憾。

獾的礼物

【英】苏珊·华莱 | 文图，杨玲玲 彭懿 | 译

　　獾是一个可以让人依靠和依赖的朋友，他总是乐于帮助别人。只可惜他已经老了，老到几乎无所不知，老到甚至可以预测到自己什么时候将离开人世。死，他并不觉得可怕。在他看来，那不过是意味着灵魂离开了自己的躯体。獾不在乎。他只是在意他离开之后朋友们的感受。为了让朋友们有个心理准备，獾不止一次告诉他的朋友们，不久的某一天，他会去下面的长隧道，当这一天来临时，希望他们不要太过悲伤。

　　有一天，站在山坡上，獾看到他的朋友青蛙和鼹鼠比赛冲下山坡。他很想与他们一起跑，可是他的腿跑不动了。他老了，他只觉得特别的老、特别的累。他望着他的朋友们，一边聆听着他们快乐的欢叫，一边目睹着他们的背影一点点地远去。久久地，他分享着他们的快乐。那一日，獾很晚才回家。吃罢晚饭，他坐在书桌旁写了一封信，然后便在火炉边的摇椅上坐下很快睡熟了。之后，他做了一个奇怪却很美丽的梦。他梦见自己在一条好长好长的隧道里奔跑。越跑越快，越跑越勇。甚至于后来，他都丢下了拐杖。有翻腾，有旋转，有起落，有跌撞……奇怪的是，他始终没有受伤。

　　就这样，獾离开了他的朋友们。狐狸朗读了獾给朋友们留下的信。信的内容很简单："我去下面的长隧道了，再见。獾。"无一例外，大

家都非常伤心。

冬天来了，厚厚的积雪盖住了乡村，却掩盖不住朋友们的悲伤。獾说过希望他们别难过，但这真的很难。从前，獾总是在别人需要他的时候出现。现在他不在了，大家过得都有些不知所措。

春天快到了，大家常常相互串门，常常说起獾还活着的那些日子。鼹鼠说，獾曾教他怎样用一张折纸剪出一长串鼹鼠。青蛙说，在獾的帮助下，他才迈出了打滑的第一步，直至练成一个滑冰高手。狐狸说，他原先总是系不好领带，是獾教会了他，现在的他总是能将领带系得无可挑剔。至于兔子太太，她则告诉大家，獾将自己烤姜饼的独家秘方传授给了她……所有的动物都对獾有一段特殊的回忆。獾教过他们事情，或多或少。而这些事情，他们现在做得都好极了。这是獾给朋友们留下的离别礼物，他们珍藏着……

这是一本教给你如何面对死亡、认识生命真谛的优秀儿童图画书。迷人的插图与伤心的文字相得益彰，所以，只要你启开，无论是否有意，你都将只觉它的美好，爱不释手，从此流连忘返。

花婆婆

【美】芭芭拉·库尼 | 文图，方素珍 | 译

　　这是一个绘本，曾经荣获美国国家图书奖，入选《美国人》杂志"新英格兰100本经典童书"，被美国《出版者周刊》评为"所有时代最畅销童书"，并入选日本儿童书研究会绘本研究部编著的《图画书·为了孩子的500册》。

　　故事的主人公有三个，即：爷爷、艾莉丝和小艾莉丝。爷爷是艾莉丝的爷爷，艾莉丝是小艾莉丝的姨婆。

　　当花婆婆还是一个名叫艾莉丝的小女孩时，她常常坐在爷爷的腿上听爷爷讲故事。每次爷爷故事讲完，艾莉丝就会说："爷爷，我长大以后，要像你一样去很远的地方旅行。当我老了，也要像你一样住在海边。""很好，"爷爷总是笑着说，"但你一定要记得做第三件事，做一件让世界变得更美丽的事。"艾莉丝很快就长大了。她去过海岛，爬过雪山，走过沙漠。从骆驼背上摔下来受伤以后，艾莉丝在海边买了一座小房子住下来。这时候，她想起曾经答应爷爷要做的让世界变得更美丽的事。她不断地想着。后来，她想到了种鲁冰花。于是她买来了一大包鲁冰花的种子，一路走一路撒，撒在了公路和乡间的小路边，撒在了教室和教堂后面，撒在空地和高墙下面。第二年春天，这些种子几乎同时都开花了。后来艾莉丝已经非常老了，可她还是在不停地种花，于

是，她所经过的地方，每年都开出更多更美丽的鲁冰花。人们开始都喊她"花婆婆"。

故事至此，似乎可以结束了。可是，有趣的是，作者又创造了一个小艾莉丝。艾莉丝是小艾莉丝的姨婆。小艾莉丝几乎重复了艾莉丝儿时的生活。不过，她不是听爷爷讲故事，而是听姨婆讲故事。有一次听完故事，小艾莉丝信誓旦旦地表示她长大了也要像姨婆一样去很远的地方旅行，然后住在海边。之后呢？艾莉丝像当初爷爷要求她那样，她也同样要求小艾莉丝要做第三件事，即一定要做一件让世界变得更美丽的事。小艾莉丝满口应下，尽管她还像艾莉丝当年那样懵懂，还不知道将来会做什么样的事。

直到这里，故事才戛然而止。可是，是真的结束了，永远画上了一个句号吗？显然不是。艾莉丝在小艾莉丝的心里播下一颗种子，随着时间的推移，这颗种子慢慢生根、长叶、开花，并结果。之后，还会有小小艾莉丝，小小小艾莉丝，小小小小艾莉丝……我们为什么会产生如此美好的无限遐想呢？是因为品质、习惯和文化的传承。不奇怪，这就仿佛我们今天读了或是知道了这个故事，在心中播下爱的种子，然后又会向身边那些认识与不认识的人传播爱的种子一样。完全情不自禁，不加考虑。

犟龟

【德】曼弗雷德·施吕特 | 图，【德】米切尔·恩德 | 文

何珊 | 译

我知道你见过乌龟。可是，我敢保证你没有见过一只犟龟。说实话，我如果不亲见，我也不会相信世间会有一只脾气固执、意志顽强的乌龟。问题是，现在我亲见了，所以我将从此相信它真真切切的存在，直到永恒。

这只乌龟，名叫陶陶。一个早晨，她决定去参加狮王二十八世的婚典。因为所有动物都被邀请了，她觉得自己当然不能缺席。她拉着一辆小车上路了。车上载得满满当当、鼓鼓囊囊的。吃的，喝的，还有她所有的家当。她走得很慢很慢，但却坚持不懈，一直没有停下。几天后，在一片荆棘丛中她邂逅了一只蜘蛛。这是一只有名字的蜘蛛。蜘蛛发发听乌龟陶陶说她要去参加狮王的婚礼，她险些笑掉两只前腿。甚至，她还嘲笑乌龟陶陶千万不能走得太快了，以免提前赶到现场。可是，乌龟陶陶不介意她的傲慢无礼，说一声"我的决定是不可改变的"，继续前行。

她走得仍旧很慢很慢。但还是坚持不懈地，一步一步地，一直没有停下。一天，在一个池塘边她遇到一只蜗牛。比乌龟陶陶还慢慢悠悠的蜗牛虽然整天迷迷糊糊，但等到她理清头绪的时候，她意外发现乌龟陶陶居然走反了方向。于是，出于好意，她劝陶陶不要再继续，因

为按陶陶这样的速度，根本赶不上。甚至于，她还盛情邀请陶陶留下来陪陪她。然而，我们的乌龟陶陶说着"只要坚持一步一步走，一定会到的"，她又调转了头，向另一个方向爬去。

爬啊，爬啊，乌龟陶陶越过种种障碍，穿过树林和沙地，日夜不停地赶路。也不知多少天过去，她遇到了壁虎茨茨。作为狮王王宫的高级官员，茨茨通知陶陶：因为非常突然的原因，狮王二十八世的婚礼暂时取消了，因为他要忙着与老虎开战。茨茨劝陶陶回家。但陶陶的回答是："很遗憾，我不能这样。我的决定是不可改变的。"说完，她继续向前爬。如从前那样，她还是爬得义无反顾，夜以继日。之后，在一片岩石荒漠中，陶陶遇到了一群乌鸦。

不幸的消息从乌鸦群中传来：狮王二十八世在与老虎斯斯的拼杀中壮烈去世，葬礼刚刚举行不久。乌鸦们劝陶陶回家，抑或留下来和他们一起哀悼狮王。可是，倔强的乌龟陶陶口里边说着"我的决定是不可改变的"，又上路了……

你一定以为乌龟陶陶运气背大了。可事实上，后来在一片森林中，在一片鲜花盛开的草地上，陶陶刚刚赶上了狮王二十九世的婚礼大典。坐在参加庆典的客人们中间，她疲劳却又不无自豪地说："我一直说，我会准时赶到的！"

人人都亲睹了乌龟陶陶的幸福模样。是的，她准时赶到了。因为她是犟龟陶陶，她相信"只要坚持一步一步走，一定会到的"。

你大我小·

【法】葛图瓜尔·索罗塔贺夫 | 图文，武娟 | 译

　　一只象和一只狮子在一起，你以为谁大谁小？也许你会以不容置疑的口吻说，这还用问，自然是象喽。呵呵，其实不然。不信，你看——

　　象和人一样，也有一个成长的历程。所以，我们初生的这只象其实很小。而狮子身为百兽之王，它虽然不高大，却也不矮小。两厢一比较，谁大谁小呢？站在狮王面前，小象唯唯诺诺地说："你大我小。"小象没有爸爸，也没有妈妈。它是一只孤独的小象。有一天，鬼使神差似的，它跟着狮王来到它的王宫。不幸的是，那天狮王并没有让它进去。"走开！小矮子！别缠着我！"它没有恶意，只是心情不好。小象很勇敢，它没有说话，也没有哭。它孤零零的，去哪儿呢？夜深人静，狮王去睡觉的时候，小象就靠在皇宫的大门口睡着了。第二天早上，狮王在皇宫门口发现了小象。它没有再赶小象，而是把它带进了皇宫，并且给它准备了早餐。他说："吃点东西吧，我可不想看你饿死或冻死！"狮王说得很实在，因为天的确很冷很冷。

　　可是，小象吃完了，狮王也没有赶它。晚上，它给小象讲故事。都是些过往的故事，无非是说自己当年怎样怎样英勇无比，怎样怎样凶猛无敌。狮王讲着故事的时候，小象就一直盯着它看。它有一点点害怕，有一点点担心，但更多的是崇拜。临了，狮王说，我想听听你的声音。

小象答："我，小！"小象真的不怎么会说话，但会唱歌。皇宫的第一个晚上，小象就坐在狮王的床边给狮王唱歌，狮王睡着了，它也睡着了。几天之后，小象和狮王成了形影不离的好朋友。

狮王整天给小象讲它的经历。他看到的，他听到的，他想到的，但凡他所能想到的，都一一像倒豆子似的倒给了小象。小象听得乐此不疲："你，大！"就这样，它们总是在一起，就像哥哥和弟弟，又像爸爸和儿子。它们一起游戏，玩戴狗链的游戏，玩骑大马的游戏。但狮王最热衷，最最喜欢的，却只是"万国之王"的游戏。没有什么为什么，因为它是狮王。它喜欢这种感觉。

日子一天天过去，小象越长越大，大到狮王不再像个爸爸，甚至也不再像个哥哥。大到小象只有趴在地上，狮王才能攀上它的背。终于有一天，狮王忍受不了："你太高大了。我也没什么可教你的了。"它让小象离开皇宫。小象很伤心，但真的离开了。离开了狮王的小象，仍想着狮王，每天至少想一次。就这样，一年一年又一年过去，直至有一天小象在街头偶然发现流落街头的狮王。原来它也被赶出了皇宫。小象把狮王带回了家，它仍旧和狮王过着从前的生活，做着从前它们常做的许多游戏。甚至，小象仍旧像往常那样，动不动就说："你大我小。"

到底谁大谁小呢？千万不要说，这时候你还不知道。

没头没尾的故事

【俄罗斯】安德烈·乌斯塔科夫 | 文，【德】亚历山大·荣格 | 图
曾璇 | 译

你相信这世界会有没头没尾的故事么？你也许会说：怎么会？万事总有开头的嘛，既然开了头，也就自然会有结尾，怎么可能会有没头没尾的故事？可是，我要很遗憾地告诉你：没头没尾的故事，真的可以有。不信，你听——

这个故事，得从一只小蚂蚁说起。蚂蚁随处有。但是，我们这只小蚂蚁有些不同寻常：因为他会思考。有一天，他在海边爬呀爬，爬呀爬。有一刻，他停下来。他注视着广袤无垠的大海，目睹着一个海浪追赶着一个海浪拍打过来，退回去，又拍打过来，再退回去，哗，哗，哗……他突然忧伤起来：大海是这么辽阔，而我却这么的渺小，我这一生可能永远也看不到它的尽头，那我在这个世界上还有什么意义呢？这么一想，他就忍不住哭了起来。坐在海边的一棵高大的棕榈树下，他哭得很伤心，以至于，他的哭声都引来了一只大象。

你说，大象何曾听过一只蚂蚁的哭声。于是，走近了，他克制不住自己的好奇和恻隐之心关切地问小蚂蚁："小蚂蚁，你这是怎么了？你为什么哭呀？"我们的这只善于思考的小蚂蚁，一边眼泪汪汪，一边告诉大象："呜呜！我看不到大海的尽头，大象，你也来看一下吧，你长得那么高，说不定能看到呢！"他以为大象能看得到。可是，大象面朝

大海，甚至脚尖也踮起来了，他还是什么也没有看到。这下可好，大象也哭了起来。他就坐在小蚂蚁的身边，和小蚂蚁一起哭得伤心极了。不一会儿，他们的泪水就形成了一个小水洼，成为小螃蟹嬉戏的天堂。

可是，会思考的小蚂蚁到底是会思考的小蚂蚁。这不，哭着哭着，他突然顿住拍了拍自己的小脑袋：大象，我有办法了：你可以爬到棕榈树上，然后我再爬到你身上，说不定这样我们就能看到大海的尽头啦。可惜的是，等到他们真的这样做了，他们还是什么也没有看到。你完全可以想象等他们爬到棕榈树顶，然后又看不到大海尽头时的心情。是的，他们继续哭，就在棕榈树的树顶上。不过，不再是"呜呜"，而是号啕大哭。

正当他们哭得欢的时候，一条金枪鱼游了过来。这是一条见多识广的金枪鱼。"嘿，我说你们俩啊，为了什么事情哭得这么伤心呢？海水已经够咸的啦！"大象和小蚂蚁哭丧着脸回答他："我们看不见大海的尽头……"金枪鱼惊得险些跳上了岸："什么？这里难道不是大海的尽头吗？我一直以为这里就是呀！"一语惊醒梦中人。事实上，眨眼间的功夫，小蚂蚁和大象便破涕为笑了。甚至高兴得立马欢呼起来："啊哈，原来我们这里就是大海的尽头啦！我们看到大海的尽头啦！"

不过，大象从树上爬下来的时候，又突然想到另一个问题：如果这里就是大海的尽头，那么，大海的起点在哪儿呢？

……

活了100万次的猫

【日】佐野洋子 | 著，唐亚明 | 译

有一个童话故事，那里面确有一只活了100万年也不死的猫。这是一只虎斑猫。所以如此命名，你完全可以顾名思义。对的，就外观来看，他那身装束，完全是一只老虎的模样。说他活了100万年，其实也并不确切。因为事实上，他死过100万次，不过之后又活了100万次。他会起死回生，很神奇。前面死了，后面就又活了。前面死了，后面就又活了。一次又一次，一次又一次。只不过，他一直都是猫，前生是猫，后世仍旧是猫。从未错过。100万次，一次也未曾错过。不同的是，每一次投胎转世，他总要换一个主人。有时他是国王的猫，有时是水手的猫，有时是魔法师的猫，有时又是小偷的猫……没有选择。他一出世的时候，就是国王的。然后死了，再一转世，就又突然变成水手的。完了再死再生，主人就又换成新的了，从无更改。

生生死死，死死生生，看似有许多不同，但除了最后一次。他从来不属于自己，一直只是别人的猫。在别人那里，他不过是一个宠物，一个玩物，一个道具，一个手段，一个陪伴，一个寄托……如此而已。所以，即便曾有100万人曾经宠爱过他，100万人曾在他离开的时候悲痛不已，他却没有哭过一次。有一回，他是国王的猫。猫讨厌国王。国王爱打仗，总是发动战争。国王爱猫，甚至打仗的时候，他都会把猫装在

一个漂亮的篮子里，带在身边。不巧的是，一支飞来的箭把猫射死。国王伤痛欲绝。正打着仗，他鸣金收兵，抱着猫一路哭着回到王宫，然后把猫厚葬在他的后花园。有一回，他是水手的猫。水手天南地北地跑，有时往陆地，有时奔海洋。但无论走到哪里，水手都带着他。于是，很自然他就参观过全世界的大海和码头。不幸的是，有一天他不慎掉进大海。捞起来的时候，猫已经湿漉漉，软塌塌的了，俨然一块蘸了水的抹布。水手放声大哭，最后把他埋在港口城市一个公园的树下……

最后一次是个例外——其实他并不知道这是"最后"一次，他不再是任何别人的猫。他成了他自己，第一次变成了自己的猫。他变成了一只漂亮的野猫。因为漂亮，不管哪一只母猫，都想成为他的新娘。大家想尽一切办法讨他的欢心。可是，这只已经成为自己的虎斑猫始终无动于衷。"我可死过100万次呢！我才不吃这一套！" 他比谁都喜欢自己。意外的是，从来连看也不看他一眼的一只美丽的白猫，却突然让他有了兴趣。他主动靠近她，开始吹嘘自己的历史，一次又一次。然而，不论怎样，她只答一个字："噢。"语气淡淡，平平，无惊无喜。庆幸的是，当他说想和她待在一起的时候，她居然同意。

就这样，他一直待在白猫的身边，直到白猫生了好多可爱的小猫，然后又一个个长大走掉，直至白猫有一天躺在他的怀里静静地离去。眼看着白猫一动不动，他抱着她，眼泪流下他的眼眶，一滴又一滴，奔流不息。从晚上到早上，从早上又到晚上。一个中午，他停止了哭声。静静地，他躺到白猫的身边，然后不再动弹。从此，这只虎斑再也没有活过来。

猫有九条命，还是活了100万次，真的重要么？如果没有自由，没有欢喜，没有爱，又有什么意义？

红气球不见了

【法】爱丽丝·布歇尔–阿凯 | 文，郭英州 | 译

阿布是只小老鼠。和所有的小朋友一样，阿布有一个只属于他自己的宝贝。

这个宝贝软软的，圆圆的。对，它是一只红气球。这只红气球给阿布带来很多很多的快乐。以至于，阿布走到哪儿，都会带着它。可不幸的是，有一天晚上，红气球突然就不见了。黑夜里，没有了红气球，阿布孤零零地，他觉得自己好渺小好渺小。他孤独，他寂寞，他害怕……正胡思乱想着，突然听到背后传来一个声音。他吓了一跳。转身一看，原来是一只老猫头鹰正站在一棵树上。看到阿布伤心的样子，老猫头鹰安慰他："阿布，你不要哭啦，我们一块儿去找你的红气球，丢掉一个，我们就找十个回来！"然后，他们就开始找起来。

还别说，走着走着，前面真的闪出一团红红的东西。"啊，球在那里！"他们飞奔过去。但走近了，他们才发现，原来是红红的牡丹花丛，旁边还围了两只可爱的鸽子在说悄悄话。阿布失望极了。鸽子连忙围过来安慰他："阿布，你不要哭啦，我们一块儿去找你的红气球，丢掉一个，我们就找十个回来！"好奇怪，两只鸽子居然说了和老猫头鹰一样的话。但容不得阿布细想，因为说着话的时候，两只鸽子立刻就飞出了花丛，跟着阿布和老猫头鹰上路了。

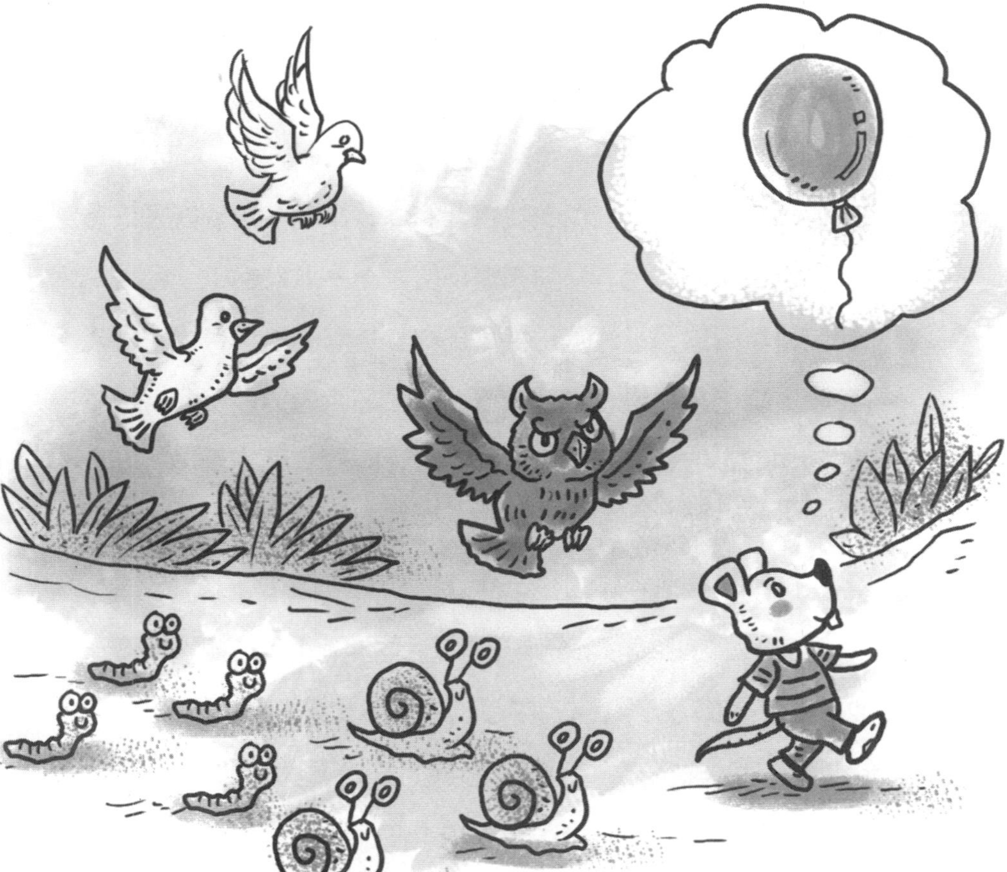

他们一块儿在黑夜里找啊找啊。突然，前面不远处的地上有一片红红的东西。"啊，球在那里！"阿布的心都快跳到嗓子眼了。但，等到他们兴奋地跑近了才知道，那是一片红红的野草莓，三只蜗牛正悠闲地享受着晚餐呢。阿布真是好失望。看见阿布伤心，三只蜗牛急忙凑过来："阿布，你不要哭啦，我们一块儿去找你的红气球，丢掉一个，我们就找十个回来！"说罢，他们也跟着阿布、老猫头鹰和两只鸽子一起出发啦。

他们一块儿在黑夜里继续找啊找啊。突然，半空中出现好多好多红红的东西。"啊，球在那里！"阿布恨不得生出一双翅膀来。但是跑近了一看，哪里是红气球，不过是一棵苹果树上挂着一些红苹果。阿布气极了，他朝苹果树抬腿就是几脚。结果，一个坏苹果掉了下来。掉就掉吧，却正好砸中阿布的鼻子。就这样，苹果里面原本睡得正香的四只虫子惊醒了。"阿布，你不要哭啦，我们一块儿去找你的红气球……"不可思议，四只虫子也要帮阿布去找十个红气球回来。

于是，阿布和他的伙伴们重新出发了。可是，等等，等等……1只猫头鹰，2只鸽子，3只蜗牛，4只虫子，丢掉一个红气球，找到10个好朋友。所以，亲爱的红气球，无论你在哪里，你都可以好好过自己的生活了。因为，因为我们的阿布再也不害怕黑夜了。红气球不见了，我们的阿布却拥有了更多的朋友。——多么完美的结局呀！

有一天

【美】艾莉森·麦基 | 著，【加】彼德·雷诺兹 | 绘
安妮宝贝 | 译

有一天？有一天会发生什么样的故事呢？又是谁和谁的故事……

那一天，母亲扳着小宝贝的指头，一个一个，一个一个，轻轻地数了个遍。母亲数得很痴迷，简直就像在清点一件又一件的宝贝。小宝贝很惬意，她小小的、短短的身子，很轻很轻，像团松软的棉絮，偎在母亲的两腿之间，头枕着母亲的膝盖，满心欢喜地看着母亲，笑得很甜蜜。

那一天，雪花飘落，满眼望去，到处银装素裹，完全是一个童话般的世界。远处的房子白了，近处的草坪也白了。若不是雪花还在飞舞，天和地简直浑然一体。母亲站在齐膝深的雪地里，欢快地把小宝贝高高举起，看着雪花落在小宝贝柔软的肌肤上，一片，一片，又一片，慢慢地融化，融化，转眼又了无踪迹。

那一天，母亲和小宝贝一起穿过一条街道。母亲右手捧着一束鲜花，左手里牵了她的小宝贝。她走得很轻盈，宛如一阵风从街道飘过。小宝贝刚刚才学会走路吧，也许还是第一次横穿马路，她紧张兮兮的，一只手儿攥了母亲的手儿还不算，还要腾出另一只手来，两只手一起紧紧握着母亲伸出的一条胳臂，相跟着母亲，亦步亦趋，寸步不离。

那一天，母亲扶着小宝贝的双臂，教小宝贝学骑车。狗儿走在前

头。你知道，狗儿很少是走着前行的。但有什么办法，小宝贝慢呢。甚至于，狗儿走一步都得回一次头。它担心小宝贝跟不上它。欣慰的是，小宝贝很勇敢，坐在车上，一直向前，一直向前……于是，终于有一天，小宝贝可以独自驾车，骑得和狗儿一样飞快。

日子在一天又一天中，不紧不慢地，向前拉长。我们的小宝贝不再是一个婴孩，也不再是一个女童，她开始有梦，她会纵身一跃就跳进冰凉清澈的湖水，她会独自走进一座幽深的森林，她会因为一窝雏鸟伸长了嘴巴迎接鸟妈妈而惊喜不已，眼睛熠熠生光，她会把步子跑得飞快感受如同火焰般跃动的心跳，她会把秋千荡到前所未有的高，她会在大风中欢快地歌唱……当然，有时候她也会被苦痛包围。甚至于，有一天，她会向母亲挥着手儿渐行渐远，渐行渐远……直至有一天，家也成了回忆的一部分。母亲也是。

再有一天，像当初母亲常常携着她那样，我们的小宝贝的脊背上有了一个小小宝贝，有一天她坐在床前给她的小小宝贝梳头……而很久很久以后的有一天，她则安详地坐在阳台的藤椅之上，远眺逐渐西斜的夕阳，头发闪烁着银光，想着母亲，想着过去的自己……

没有句号。因为没有尽头。但手捧着，眼看着，心里读着，无论你是谁，总禁不住浮想联翩，遐想无限。因为，不知不觉，你会读出自己的母亲，还有昨天、今天和明天的自己。

安的种子

王早早 | 文，黄丽 | 图

安是一个小和尚，本和静也一样。有一天，他们的师父给他们每人一颗种子，对他们说："这是几千年前的莲花种子，非常珍贵，你们去把它种出来吧。"然后，师父就走了。

"我一定要第一个把种子种出来。"拿到这颗古老的莲花种子后，本第一时间想。他甚至加快了步伐，风驰电掣般地跑起来。怎么种呢？他想都没想，就找来锄头，也顾不得还是漫天飞雪的冬季，在雪地里刨了一个坑，然后把这棵珍贵的莲花种子给埋了下去。种子埋下之后，本便开始期盼。一天，两天，三天……他等了很久，种子一直没有发芽。终于有一天，等不到种子发芽的本忍无可忍，他跑到雪地里，愤怒地刨开土地，摔断了锄头。他决定不干了。

拿到师父赠送的种子，静想：怎样才能种出来呢？静挑出最好的花盆，金花盆。花盆选好了，可是他仍旧不知道怎么去把这颗种子给种出来。怎么办？静去查找种植莲花的书籍。他给自己打气：我一定会种出千年莲花的。静把事先选好的金花盆搬来，放在最温暖的房间里，然后他用最名贵的药水和花土，小心翼翼地把千年莲花的种子给种下去。他之所以坚持用最好的花盆最好的药水最好的花土，以及选择最温暖的房间，是因为他觉得，只有这些才配得上这颗最珍贵的千年莲花的种子。

欣喜的是，静的种子真的发芽了。静激动不已，赶快找来金罩子罩住他的宝贝。但很不幸，静弄巧成拙，因为得不到阳光和氧气，他的小幼芽没几天就枯死了。

安似乎是一个没心数的孩子。收到师父的种子，他只说一声"我有一颗种子了"，然后继续过自己平常的生活。至多，他想起来，要取个小布袋把种子放进去，然后成天挂在自己胸前。他像往常一样去集市为寺院买东西。雪大的时候，他去庙门外扫雪，然后回来接着清扫寺院中的积雪。他和以前一样做斋饭，清晨去早早地挑水。每天坚持做晚餐。晚课之后，又像往常一样去散步。冬天去了，冰雪融化的时候，春天来了。安把师父送给他的种子种在了池塘的一角。不久，种子发芽了。安欣喜地看着那些芽儿越长越大，最后伸展出一片又一片绿色的叶子。一个盛夏的清晨，在温暖的阳光映照下，安，还有师父、本和静，他们一起发现，一株古老的千年莲花轻轻地绽开了。

聪明的你应该读出来，这是一个关于等待的故事。毋庸置疑，你一定喜欢安。是的，生活本该安静：希望固然重要，追求固然也不可少，但一定要淡定、顺其自然，万物自有规律，享受必需的等待，活在当下便好。

奶奶来了

【韩】李惠兰 | 文图，米雅 | 译

　　这是一本不能不读的书。因为其中所写，都是你的故事，你爸爸妈妈的故事，你爷爷奶奶或是外公外婆的故事。甚至是，等你长大了，还会相关你孩子和你孩子的孩子的故事——

　　我是一个小小孩。和每个小小孩一样，我也有一个家庭：爸爸、妈妈、弟弟和我。我们一家四口人。哦，不对。还有一个奶奶。不过，奶奶一直自己一个人住在乡下。听妈妈说，爸爸从很小的时候就没有和奶奶住在一起了。我不明白为什么爸爸和奶奶没有住在一起。不过，我觉得这样也很好，爸爸妈妈经营一家小餐馆，我们的生活过得还不错。

　　可是，有一天奶奶来了。来得太突然，以至于我们一家人还没有来得及做任何准备，她便来了。结果，看到她的时候，我们一家人，你看看我，我看看你，面面相觑。我们的生活自此便走了样。

　　奶奶喜欢捡东西，捡别人丢弃的东西，破东西。破东西她不怕，她喜欢缝缝补补。遗憾的是，她总也缝补不好。其实，妈妈给她买了一件漂亮的衣服，比她捡的那件好看多了。但她就是不穿。奶奶不喜欢用洗衣机洗衣服，妈妈只得改成手搓。奶奶吃饭的时候，吃着吃着，会吐掉。或者，吃着吃着，把碗翻过来，直接往餐桌上一扣。她连尿壶也不会用。明明尿壶就在她的面前，她却偏偏尿在尿壶的外面。她捡拾的别

人丢弃的东西直接往衣橱里放，吃的，喝的，穿的，用的，全都往里面塞。我的花裙子被染了，脏了，还有一些让人想想都恶心的臭味。有时候，她还把大便拉在裤子里。

有一天，我实在忍无可忍，就和爸爸说："爸爸，我们可不可以叫奶奶回她自己的家？"爸爸想也没想："不行。"我很奇怪。要知道，爸爸小时候奶奶对他并不太好。更何况，奶奶来了之后，为了尽可能照顾好她，他和妈妈做了很多很多的牺牲：奶奶吐了，他们替她收拾；奶奶随地小便了，他们替她擦地板；奶奶把大便拉裤子里了，他们及时帮助更换清洗；奶奶在外面睡着了，他们又急急忙忙把她背回来；还有，还有……可是，太多的"还有"，却敌不过爸爸的一句话："还是不行……因为是妈妈。奶奶是爸爸的妈妈啊！"的确，无论奶奶怎样，爸爸妈妈总是一声不响。一声不响地承受，一声不响地擦桌子，一声不响地擦地，一声不响地洗衣服……自始至终，任劳任怨，没有任何多余的言语。"爸爸，奶奶有像妈妈爱我们那样爱你吗？"爸爸不说话。

生活在继续，日子在重复。爸爸还是爸爸，妈妈还是妈妈。奶奶也还是老样子。可是，没有人拒绝她和我们住在一起，即便是我和弟弟。有时候，即使爸爸妈妈忙得起早贪黑，灰头土脸，但天热了，还是记得傍晚时候一个帮我和弟弟洗澡，一个帮奶奶搓背。他们分工合作，不厌其烦，乐此不疲。

你应该看出来了：我家现在是五口人。对，还有一个奶奶。她和我们一起住在爸爸妈妈经营的小餐馆里。最重要的是，我突然发现我已经长高了一厘米，都能够像爸爸背起奶奶那样，我也能把爸爸背起来了。

今天，我的奶奶来了。明天呢？也许你的奶奶就来了。等着吧。

点

【加】彼德·雷诺兹 | 文图，邢培健 | 译

　　美术课结束的时候，瓦士缇的图画纸上什么都没有。老师走过来，弯下腰看了看她的那张白纸，她说："啊！暴风雪中的一只北极熊。"明明什么也没有，她却杜撰出一只北极熊，并且还煞有介事地说是在暴风雪中，这让瓦士缇觉得很好笑："真可笑！我就是不会画画！"

　　老师没有生气，反而笑起来："那就随便画一笔，看看能画出什么。"

　　老师的话，让瓦士缇读出挑衅的意味，于是她抓起一只画笔，狠狠地在纸上戳了一下，然后没好气地丢下一句："完了！"

　　真的完了，因为她不会画画。可是，出乎意料，老师拿起她的图画纸，却仔细地研究起来。分明就只是一个点，她却郑重其事地把图画纸推到瓦士缇面前，轻声地说："现在，请签名。"

　　瓦士缇如老师所愿，她在自己的图画纸上签了名，尽管那张图画纸上只有她留下的一个点。虽然我不会画画，但是我会签名，她这样想。

　　瓦士缇的签名画被老师拿走了。这样的事儿，瓦士缇觉得并没什么不合适。不过是作业，老师收上去，只是例行公事罢了。不过，让她大吃一惊的是，一周以后，她走进美术教室的时候，惊讶地发现老师的办公桌上方挂着她的那幅画。就那个小小的点，她画的那个点，现在居然用波浪形的金色画框给装了起来。

说实话，这让瓦士缇有点小小的触动。不过，很快，她就生起气来。当然，她只是和自己生气："哼！我还能画出比这更好的点！"她真的能画出比这更好的点。说干就干，瓦士缇打开她从没用过的水彩颜料，她涂呀涂。红色的点，紫色的点，黄色的点，蓝色的点。甚至，她把蓝色和黄色无意中混在一起，竟然画出一个绿色的点。瓦士缇兴奋不已，她继续尝试，于是她又画出好多好多个点。有一刻，她忍不住想，如果我能画小小的点，那我也一定可以画大个儿的点。于是，她又尝试着用一支更大的画笔在更大的纸上涂颜色，结果真的画出更大的点。也许是画点画得太多了，到后来，她甚至不用专门画点，也能画出一个点来。

几个星期后，在学校举办的画展上，瓦士缇的点引起了巨大的轰动。作为画展的主角，瓦士缇当然也有参与。一个小男孩对她说："你真是一个伟大的艺术家！我要是也会画画该多好啊。"让瓦士缇惊奇的是，她想也没想，条件反射似的，就冒出一句："我敢打赌，你也行。"

"我？不，我不行。我连用尺子画直线都画不好。"小男孩显然不相信自己的耳朵。

可是，瓦士缇却很认真地笑了："那就随便画一笔。"说着，她递给小男孩一张白纸。

小男孩画线的时候，手一直在抖。结果，他画出的线弯弯曲曲。瓦士缇盯着看了一会儿，然后说："请签名。"

这的确是一个只关于"点"的故事。可是，又绝非仅仅如此。因为它关于成长，而成长又关乎信心、勇气、肯定和鼓励。事实是，事无巨细，人无大小，也许你给出的只是一"点"，星星之火却可以燎原。

失落的一角

【美】谢尔·希尔弗斯坦 | 文图，陈明俊 | 译

有一个圆，不知什么原因，在某个日子失去了一角。

失落了一角的圆，它不快乐。因为，它总觉得自己缺了点什么。所以，它决定去找回它那失落的一角。于是，它出发了。它一边滚动，一边歌唱："我要找回我那失落的一角，我在找我那失落的一角……"它有一点儿激动，也有一点儿兴奋。毕竟，一直行在路上。只要行在路上，它就觉得会有希望。

当然，所走的路并非总是一帆风顺。有时，它得在太阳底下曝晒；

有时，它又不得不淋一场突如其来的雨；有时，它又被冰雪冻僵。只是，不久太阳出来的时候，身子暖和了，它又整装待发，重新踏上新的征程。因为缺了一个角，它没有办法滚得太快。不过，正因为滚不了太快，它才可以慢慢的，慢慢的，随时停下来。地底下钻出一只虫儿，它会停下来和虫儿说说话；路上看到一朵小花，它会凑近了闻一闻，笑着打个哈哈；有时，它会遇到一甲虫，那么就一起赛个跑吧，有时它超过甲虫，有时甲虫又超过了它……它觉得，这是它一生中最美好的时光。什么都可以想，什么又都可以不想；什么都可以做，什么又都可以不做；它累了就休息，休息好了又出发。一切全凭了它的意愿，它的喜欢。

就这样，它开心地滚着，不停地滚着。一边寻找，一边歌唱："噢，我在找我那失落的一角，跨过高山，越过海洋，历经千辛万苦，我在找……"是的，它漂洋过海。当然，它还曾穿越沼泽，横跨丛林。有时候，又不得不上山，接着又骨碌骨碌滚着下山。直到有一天，它以为终于找到了它那失落的一角。可是等它兴奋地歌唱着滚近的时候，那一角却说，等一等，我不是任何人的一角，我就是我，就算我是别人失落的一角，也不会是你的。它沮丧至极。说声"对不起"，它继续出发。

不久，它又发现一个角。可是，这个角太小了，它根本衔不住。往前，又看到一角。但又太大了，塞不下它的嘴巴。之后，它又碰到过许许多多的角。可是，有时不是太尖了，就是太方了。有一回，它似乎找到了一个非常合适的角。但是，因为没有握紧，掉了。另一回，它握是握紧了，但正因为握得太紧，结果弄碎了。它有一些伤心，也有一些失望。可是，它没有停止滚动的步伐。它滚啊滚啊，滚啊滚啊，就这样，它一直不停地滚，一直不停地向前滚动。

前进的途中时不时会险象环生。有时，正滚着，一支利箭半空中飞来，不偏不倚将它射中、穿透；有时，正滚着，前面突然出现一个坑洞，它来不及刹车，就掉了进去，摔得灰头土脸；有时，正滚着，也许是累吧，明明是一堵墙，它却看不清晰而撞了上去，撞得头昏眼花……终于有一天，它偶然碰到了一个看上去非常合适的一角。试了试，真的合适，非常合适。它兴奋得蹦了起来。哈哈，它又是一个完整的圆了。

它滚，它滚，滚啊滚，滚啊滚，想怎么滚就怎么滚，想滚多快就滚多快……

可是不对，它突然发现自己不能如从前那般随心所欲地停下来。甚至于，它想慢下来都难。它滚得越来越快，越来越快。快到明明看到一只虫儿，它想停下来和它打个招呼，说说话，可是刷的一下，它就滚了过去。快到明明瞅见一朵花儿，它想凑近了闻一闻，可是刷的一下，它又滚了过去。它想让一只飞累了的蝴蝶在它身上歇一歇脚，可是它滚得太快，蝴蝶还没有落下，它又刷的一下，滚了过去……它以为它可以唱快乐的歌了，可是，嘴巴塞得满满，它完整了，却连歌也唱不了了。

哦，原来是这样，他想。于是，它停了下来。它把找到的那一角放下，重新变回失落的一角。然后，慢慢地，慢慢地，它向前滚动。一边滚动，它一边清亮地唱歌："噢，我在找我那失落的一角，我在找……"哎呀，它又会唱歌了！这真是让它欢欣鼓舞，欣喜非常。是的，从前那种欢畅无比的感觉它又找回来了。正唱着，一只蝴蝶飘飘悠悠，飘飘悠悠落在了它的脸庞……

石头汤

【美】琼·穆特 | 文图，阿甲 | 译

石头可以做汤么？你不会，我不会，但有三个和尚却会。

不过，千万不要弄混了。此三个和尚，非彼三个和尚，他们从头到脚与挑水无关。三个和尚，按长幼次序，依次叫阿寿、阿禄和阿福。阿寿年纪最大，也最有智慧。阿福最小，最年轻。一个晴朗的日子，三个和尚一前一后走在一条山路上。一边走，他们一边有一句没一句地闲聊。有时聊太阳的颜色，有时聊猫的胡须，有时也聊布施。没有特定的话题，想到什么聊什么，一切全凭喜欢，一切都是那么随意。

有一刻，最年轻的阿福突然发问："什么使人幸福？"智慧的阿寿，没有明确作答，只是提议"我们去找找看"。这么说着，恰好山下响起一阵钟声。于是，他们很自然就将目光投往山下。山下有一个村庄。他们站得太高，看不清楚。于是，他们决定走下去看一看。

奇怪的是，他们来到山脚下，并没有人来迎接他们，村民们早已躲进家中。等到他们走进村子，村民们又莫名其妙地紧紧关上了门和窗子。去敲第一家的门，无人应答。去敲第二家的门，无人应答。去敲第三家，还是无人应答。甚至于，原本屋里的灯还是亮着的，但门一敲，灯就灭了。就这样，一家家，一户户，三个和尚挨个敲过去，没有一户人家开门。其实三个和尚不知道，这个村庄曾饱经苦难，饥荒、洪水和战争，村民们身心疲惫。他们虽都辛勤劳作，但却不相信陌生人，甚至还会怀疑左邻右舍。他们中有农夫、茶商、女裁缝、郎中、木匠，还有很多其他人，但就是相互间极少往来。

"这些人不知道什么是幸福。"三个和尚说。

"可是今天，我们要让他们看看怎么煮石头汤。"年长的阿寿补充说。

他们捡来些树枝，真的点起一堆火。然后拿出一口小铁锅，盛满井水之后，真的架到了火上。他们的举动吸引来一个小女孩。当她得知三个和尚需要三块又圆又滑的石头煮石头汤时，自告奋勇地和他们一起找起来。石头找到了，三个和尚真的把它们放进了水里去煮。正煮着，阿寿突然担心起来：这些石头可以煮成美味的汤，但这口铁锅太小了，怕是煮不出许多。小女孩连忙说，我妈妈有口更大的锅。结果，她回去把妈妈那口更大的锅取了来。妈妈之所以愿意出借，是因为她很好奇，她很想看看三个和尚会搞什么鬼把戏，会用石头煮出什么汤来。当然，如果真的可以，她也想借着机会学一学。

锅大，水多，柴火旺，一时间炊烟袅袅。左邻右舍忍不住都探出了头。实在是让人不解，石头怎么会煮汤？一个人走出了家门，两个人走出了家门，三个人走出了家门……就这样，村民们一个接一个地走出了家门。他们都想看看石头怎么会煮成汤。

要是煮传统风味的石头汤，加点儿盐和胡椒粉，味道一定更香，阿福说。

不错，可是我们没带，阿禄一边搅动锅里的水和石头，一边说。

我家里有，说话的是秀才。接着，他就不见了。过不多久，他便拿

了盐和胡椒回来。甚至，他还带了一点儿别的调料。

上次我们煮这么大、这种颜色的石头时，还放了一些胡萝卜，那汤可真是甜，阿寿尝了尝说。

胡萝卜，我家可能有，一个妇人说完，转身就跑。她回来的时候，手里边捧着许多胡萝卜，多得都快抱不住了。

再放几个洋葱，味道会不会更香？阿福问。农夫说，应该不错。于是，他也快步离开，然后很快带着五个大洋葱回来。

就这样，在三个和尚的引导下，村民们你拿点这个，我拿点那个，他再拿点其他的什么，结果，除了盐、胡椒、胡萝卜和洋葱，汤里又多了蘑菇、面条、豌豆荚、卷心菜、饺子、豆腐、云耳、绿豆、山药、芋头、冬瓜、玉米尖、大蒜、生姜、酱油、百合……人们都是大声喊着"我家有！我家有"，飞奔而去，然后又飞奔着满载而归。并且，无一例外，都是能拿什么就拿什么，能拿多少就拿多少。

汤终于煮好了。村民们索性聚在一起。有人拿来米饭和馒头，有人拿来桂圆和甜饼，有人拿来香茶，有人则点亮了灯笼。桌子都是从各自家里搬来的，挨挨挤挤拼在一起。板凳椅子，也是大家从各自家里搬出来。大家坐下来一起吃，你挨着我，我挨着你，好不热闹。他们已经很久没有在一起欢宴了。甚至于，他们已然不记得何时曾有过这样的欢宴。宴会结束，人们余兴未了，索性又聚在一起说故事、唱歌，一直闹到深夜。然后，他们争着敞开家门，把和尚们请到自己的家，把最舒适的房间让出来。

一个春天的早晨，村民们聚到河边给三个和尚送行。和尚们说，谢谢你们的款待。村民们说，谢谢你们带来的礼物。

和尚们走了，故事完了。可是，聪明的，你可明白幸福是怎么一回事了么？对的，就是像煮石头汤这样简单：因为分享，所以才更加富足。

亲爱的汉修先生

【美】贝芙莉·克莱瑞 | 著，柯倩华 | 译

这是以书信和日记相互穿插作为主要表现形式而写就的一部优秀小说。1984年，曾经荣获与"国际安徒生奖"齐名的"纽伯瑞儿童文学奖"的金奖。

汉修先生是谁？用书中名作家贝乔女士的话来说，"他是个很和善的年轻人，眼神有点淘气"。可是，通读全书，却意外发现，这样一个看似主人公的人物却一直未曾以正面的面孔出现。怎么回事呢？原来，小学二年级的时候，雷伊从老师那儿听过有关汉修先生写的狗的故事，雷伊觉得很有趣，便写信与汉修先生联系。上了三年级，雷伊有机会读了汉修先生写的那本有关狗的故事的书——《狗儿快乐秘诀》，他又给汉修先生写了一封信。这一次，汉修先生真的回信了。从此，雷伊与汉修先生的联系便多起来。

到了六年级，为了完成老师布置的作业——做作家专题报告，雷伊与汉修先生的联系更是日益密切。在给汉修先生的信中，雷伊说出了自己父母离异的实情、自己转学后的不适应以及他内心的孤独与无助。汉修先生回信的具体内容，书中并未直接涉及。可是，从全书按时间先后编排的雷伊的一封封书信和一篇篇日记中，我们看到了汉修先生伟大的人格魅力——通过与汉修先生的书信往来，雷伊学会了应该如何正确面

对生活，理解了父母无法共处的原因，体会到了父母对他的关爱，而且还练就了一手好文笔——他的一篇描写自己和爸爸坐卡车出游的文章，对，就是那篇名为《卡车上的一天》的文章，使他获得了年度小作家征文的荣誉入围奖。甚至于，一个真正的、还活着的著名作家贝乔女士因此称雷伊为"小作家"，说雷伊的文章让她有一种身临其境的感觉，那感觉就好像自己正开着卡车在陡坡上载着好几吨葡萄。所以，你完全可以想象，自此之后雷伊成为名作家的决心有多么坚定。

关于这本书，美国《纽约时报》的评价是："极佳的故事，非常深刻；很有立体感，技巧出色，确实是一部佳作。"而美国《学校图书馆杂志》给予它的评价则是："幽默的风格使这部作品更加出神入化了。"心动了吗？走进《亲爱的汉修先生》，一定没错的。因为它能给予你的，不仅是20多年前一个美国小男孩的内心世界，更为重要的是，你还将获得与主人公雷伊共同成长的机会。

是了，还有可能让你爱上写作、学会写作。并且，从此欲罢不能。甚至，你也许还会和雷伊一样，因此萌发当名作家的愿望哟。

毛毛、丢丢和小小

【瑞士】阿洛伊斯·卡瑞吉特 | 文图，许慎 | 译

　　毛毛、丢丢和小小是三只小羊，它们生活在一个又高又远的小山村里。每天，它们都由牧童毛鲁斯赶到牧场去吃草。它们是毛鲁斯最喜欢的三只羊。尤其是小小，毛鲁斯还特别在它的脖子上系了一个非常漂亮的小铃铛。人们老远就可以听到：丁零零，丁零零……

　　毛毛、丢丢和小小总是待在一起。这一天，他们又一起随着毛鲁斯去了山上最后一片杉树林旁的牧场。在山顶的路标石旁，毛鲁斯摊开四肢躺在柔软的草地上，享受着早餐，任由夏日的暖风抚摸着他的身体。他觉得舒服极了。羊儿们，则自由自在地吃着青草。到了该看一下羊群的时候了。毛鲁斯发现三只小羊不见了。对，一只也没有看着。于是，毛鲁斯急忙唤起他的牧羊犬菲普斯一起去找。狂风呼啸起来，大大的雨点掉下来，毛鲁斯拼命地奔跑。一边奔跑，他一边扯着嗓子呼唤。"毛毛——""丢丢——""小小——"一声接一声，一声高过一声。天空中开始闪电，山上传来轰隆隆的雷声。牧民拓玛告诉毛鲁斯，他从树林回来时，听到小溪对岸传来过一声非常清脆的丁零零。一定是小小的铃铛声，毛鲁斯想。于是，毛鲁斯飞快地向树林跑去。

　　雨停了，树林里出现他许多的朋友。可他视而不见，他心里只想着毛毛、丢丢和小小。他伤心极了，他呼唤着："毛毛，快回来！""丢

丢、小小，你们快回来！"一次又一次。遗憾的是，他只听见自己的声音在山谷中空荡荡地回响。暴雨之后的小溪水比平时多了很多，哗哗地流着。小溪很宽。可是毛鲁斯还是毅然决然地跳了过去。不巧的是，着地时，他的一只脚卡进了两块岩石之间。他受伤了。走不了一会儿，他就必须坐下来休息了。然而，他没有就此停止搜索的脚步。简单地对伤口作了些包扎之后，他继续赶路。山上全是高高低低的岩石，路一点儿也不好走。毛鲁斯撑着棍子，一瘸一拐地前进。就在当他累得精疲力竭，快要走不动的时候，他突然听见了轻轻的铃铛声"丁零零，丁零零……"，而且就在附近……

　　耐人寻味的故事，不是吗？精妙的，还有它的图画。1966年，该书荣获国际安徒生插图奖。走进读一读吧，它会告诉你什么叫作"担当"。

赶雪节的铃铛

【瑞士】莎琳娜·柯恩斯 | 文
【瑞士】阿洛伊斯·卡瑞吉特 | 图，许慎 | 译

在遥远的高山上，住着一个名叫乌斯利的小男孩。

赶雪节的前一天，他和伙伴们去吉安叔叔那儿借铃铛。他想要一个大大的铃铛，那样他在参加第二天的赶雪节铃铛游行时，就能够走在游行队伍的最前面。那是很实惠的一件事。不光威风，而且因为人们的感谢，他的铃铛还会装满诸如坚果、水果干和碎蛋糕之类的好东西。遗憾的是，被小伙伴们又扯又推，等轮到乌斯利时，吉安叔叔便只剩下了一个最小的铃铛。乌斯利伤心地哭起来。他觉得羞愧无比。那群大孩子也笑话他，甚至对他嚷嚷："小铃铛，乌斯利，明天游行时，走在倒数第一！"

乌斯利不是傻瓜。他可不想拿个小铃铛。他想要一个大铃铛。可是怎样才能得到大铃铛呢？他捧着脑袋想呀想，想呀想。突然，他想到了他家在高山牧场的一个小屋里有一只大铃铛。于是，他立刻出发。他既不怕漆黑的树林，也不怕摇摇晃晃的木板桥。甚至于，大半条腿陷进了雪地里，他也没有恐慌。尽管这期间他也有迟疑，可是他的脚步一直向前迈着。终于，在黄昏的最后一抹阳光的辉映下，他到达了小屋。

糟糕的事情又发生了——他根本打不开屋门！门钥匙在爸爸的钥匙

圈上挂着呢。他使劲地摇着门，可是一点儿用也没有。他再次捧着脑袋想呀想，想呀想。有了，他终于想到了一个好主意。他看到了那个低低的窗台，他想是不是可以爬进去。结果，他真的挤进了那扇小窗户。当然费劲得很。千真万确，那只大铃铛挂在那儿。听听声音，那么纯净，那么响亮。乌斯利笑了，哈哈大笑。他饿了。吃着屋子里好像专门为他准备的面包，他感觉有些累，头很晕，腿也酸得厉害，不知不觉他打起了瞌睡。稻草床真是个睡觉的好地方，他躺在上面感觉很舒适。不知不觉，他就睡着了。这一夜，乌斯利睡得又沉又香。

次日清晨的第一缕阳光唤醒了乌斯利。想到一个晚上爸爸妈妈着急担心的模样，乌斯利拿起铃铛飞奔下山……赶雪节的铃铛游行开始了。谁走在队伍的最前面呢？所有的人都看到了，是的，他正是小乌斯利……

别小看了它。1950年，它获得《纽约时报》十佳童书奖。1966年，它又是国际安徒生插图奖的得主。走进去，然后慢慢品味，相信于不经意中，你就能领略到追求梦想的乐趣，并缘此懂得坚持、不轻言放弃的意义。

毛鲁斯去旅行

【瑞士】阿洛伊斯·卡瑞吉特 | 图文，许慎 | 译

秋天到了，牧童毛鲁斯获得了暂时的悠闲。一天，莱娜表妹来信邀请他去她那儿度假。这是毛鲁斯等待已久的愿望。莱娜表妹所在的地方是个遥远的大城市。要去莱娜表妹那儿，毛鲁斯要徒步翻越大山，然后还得坐上一段路程的火车。一切准备妥当，一天早晨，毛鲁斯背上背包踏上了旅程。背包里除了好吃的东西，毛鲁斯还特意插满了系着花布头的榛子枝条。

路上，毛鲁斯遇到了巴尔。为了节省体力，毛鲁斯听从了巴尔的建议，他骑上巴尔的驴子由巴尔一直送到山上。在山上道别后，毛鲁斯继续前进。一条小路通向山崖边。小路年代久远，几乎要坍塌。可是，毛鲁斯经常在这条路上走，于是一路走过去，虽然有惊，却并无凶险。之后，是茫茫的雪原。没有任何可以帮助认路的东西，却又布满了裂缝和深沟。毛鲁斯小心翼翼，努力地探着路。系着花布头的榛子枝条派上了用场。一路走，毛鲁斯一路把它们插在雪地里。山风拂过，远远望去，那些竖立在雪地里的榛子枝条仿佛一列彩旗……

穿过雪原，翻过雪峰，毛鲁斯气喘吁吁赶到了火车站。火车到站了。很顺利，毛鲁斯见到了她的表妹莱娜和叔叔提姆。经过长长的旅行，这一晚，毛鲁斯睡得像一只土拨鼠。第二天，他随着表妹和叔叔一

起去了市场。第三天，表妹领着他游玩了城市附近小山上的一个动物园。还有一次，他们一行还参观了郊区的机场。他和表妹迷上了直升飞机。可是，他们只是在梦里才实现了直上云霄的愿望。

该回家了。这一次他由表妹莱娜和提姆叔叔一路相陪。一个早晨，他们出发了。先是乘坐火车，然后徒步翻越大山。到达雪原的时候，天开始黑了，雾气升上来。筋疲力尽的时候，毛鲁斯看到了他当初留下的彩旗——那些系着花布头的榛子枝条。他们顺利地到达了山顶处的那间小屋。他们在小屋住了一宿。第二天一大早，他们再次出发。不幸的是，白色山崖处的老路坠毁了。中午，他们又回到了小屋。他们被困了。正当他们不知所措的时候，突然，他们听到了飞机的轰鸣……

走进去，读一读吧。瑞士阿洛伊斯·卡瑞吉特的这一绘本，它的美妙，不仅在于近乎完美的一幅幅精致的图画，还在于质朴的文字背后所透视出的脉脉温情：遇到困难时，不要害怕，更不要打退堂鼓，而应该像毛鲁斯那样，有克服困难的信心和决心；而当一己之力并不能摆脱困境的时候，还可以像毛鲁斯那样积极主动地去寻求帮助。

不一样的卡梅拉

【法】克利斯提昂·约里波瓦 | 文

【法】克利斯提昂·艾利施 | 图，郑迪蔚 | 译

　　卡梅拉是一只小母鸡。你知道的，天底下所有的母鸡都逃脱不了一个使命：下蛋。

　　是的，现在就是下蛋的时候了。眼看着姐妹们八仙过海各显神通，一个个脸涨得通红，有的哭，有的叫，卡梅拉很是不屑。她拒绝下蛋，因为她觉得生活中除了下蛋，应该还有更好玩儿的事可做。譬如说，听鸬鹚佩罗讲大海的故事。

　　鸬鹚佩罗曾游历过许多地方，所以他见多识广。大海里有什么呢？长翅膀的鱼，会飞。个头特别大的鲸鱼，嘴巴张开，一条渔船都能吞得下。美人鱼，传说中人面鱼身的美丽精灵。还有龙，会喷火，会腾云驾雾……佩罗说得没完没了，卡梅拉听得如痴如醉。"总有那么一天，我也要去看看大海。"这个愿望是如此的强烈，如此的执着，以至于太阳西落，该回窝睡觉的时候到了，卡梅拉还是意犹未尽。"我想去看大海！"她信誓旦旦地告诉爸爸。遗憾的是，爸爸不以为然，拉了卡梅拉便走。当然，爸爸不是要带她去看大海，而是回鸡窝。

　　可是，这有什么用？卡梅拉在床上辗转反侧，怎么也睡不着。佩罗口中的大海让她着迷，让她恨不得插了翅膀，立刻就飞近了去好好看一

看。她越想越是克制不住自己内心深处的激动与兴奋。她真的就轻轻悄悄地下了床，然后推开门，离开家，向着她梦想着的大海走去。夜晚的路，艰难，曲折。时而风雨大作，电闪雷鸣，时而漆黑一团，伸手不见五指。但是，卡梅拉走得义无反顾，毅然决然。她走啊，走啊，走啊，走啊，直走到两只可怜的小脚快要没了知觉。当东方出现一线曙光的时候，卡梅拉终于走到沙丘的顶上。啊，眼前的一切让她简直不敢相信自己的眼睛：她真的看见了大海！

多么奇妙的景色啊！大海翻滚着雪白的浪花，一会儿奔涌前进，一会儿黯然消退。卡梅拉情不自禁喊起来："好美呀！比佩罗说的还要美！"她先是在沙滩上堆城堡、捡贝壳。饿了的时候，就捡几粒虾米填肚子。后来，她索性跳进海里。呵呵，海水好咸。可是，这咸味让她兴奋。她玩起冲浪，她游泳，她潜水，她滑行……但凡可以想起的游戏，她一个接着一个，玩得乐此不疲，笑个不停。这一玩，就玩忘记了时间。于是，糟糕的事情出现：当她意识到该回家的时候，突然海岸线消失了，她根本分不清东南西北。卡梅拉又急又怕，她吓得又是哭又是喊。然而，四周围除了水声，静静悄悄的，没有一个声音。喊累了，不知不觉，她就抱着一块木板睡着了……

后面的结局会是怎样呢？你做梦都想不到，卡梅拉会被路过的克里斯托夫·哥伦布的船队给救了。不过，他们并非真的想救她，只是船长想吃鸡肉而已。不过，卡梅拉有办法自救：为丰盛船长的早餐，她决定每天早上下一个鸡蛋。下蛋是她最讨厌的事情。但为了活命，还有什么能够比这更为高明的法子呢？更妙的是，再之后卡梅拉竟然遇到了皮迪克———只美丽的印第安大公鸡。再之后的之后，他们有了自己的宝贝儿子———只和卡梅拉儿时极为相像的小鸡卡梅利多。你看，睡觉的时候到了，他牢骚满腹："生活中肯定还有比睡觉更好玩儿的事……"什么事儿呢？抬起头，眼望星空，他突然激动不已："我想有颗星星！"

　　去看大海，去摘星星，去找回丢失的太阳……这就是大小卡梅拉们的生活。他们坚信生活中肯定还有比睡觉更好玩的事情，于是，他们就出发了，他们就走在路上，即便面对困难挫折也不害怕，也不退缩，他们只是坚定地走在路上，勇往直前，欣喜连连。结果，无一例外，等待他们的，总是超乎想象的回报和异乎寻常的果实。

花格子大象艾玛

【英】大卫·麦基 | 著，任溶溶 | 译

艾玛是一头象。不过，与其他象不同，艾玛的颜色不是灰色的，而是花格子的。艾玛身上的颜色，有黄色、橙色、红色、粉红色、紫色、蓝色、绿色、黑色和白色。可是，千真万确，它是一头象。

艾玛是大家的开心果。它喜欢逗大家笑。事实上，象群里哪怕只有一丁点笑声，也必定是由艾玛引起来的。不过，艾玛对自己身上的颜色一直耿耿于怀。早晨，趁着大家还没有醒透，艾玛悄悄地离开象群。他往森林深处走去，他找到一棵大果树。果子的颜色就是所有大象的颜色。艾玛抓住大果树摇啊摇，摇得果子满地都是。然后，它就躺在地上滚来滚去，滚来滚去，直滚得全身上下没有一丝原来的颜色为止。这个时候，艾玛是什么颜色呢？对了，正是所有大象的颜色。回去的路上，艾玛很得意，因为所有往来的小动物们见了它，都是"你早啊，大象"，而不是"你早啊，艾玛"。艾玛消失了。艾玛消失在一群大象中间。它静悄悄回到象群中的时候，谁也没有注意到它。但是，站了一会，艾玛感觉不对劲。它从来没有看到过象群是如此的严肃。象群越是沉默，一动不动，艾玛越是控制不住。好吧，实在忍受不住，艾玛举起长鼻子，有多响就多响地大叫起来。大家吓得蹦得老高，跌出老远。它们叫着笑着，看到艾玛笑得停也停不住，纷纷嚷起来："艾玛，这一定

是艾玛。"巧的是,刚好就下了一阵大雨。艾玛的花格子露出来了。大象都说,艾玛开过不少玩笑,今天这个是最最好笑的。于是,艾玛化装节就这样诞生了:为纪念这个特别的日子,以后每年的这个日子,艾玛和所有大象必须化装,大家把自己化装成五颜六色的,而艾玛却化成所有象的颜色。但是有什么用,到时候,艾玛还是第一时间会被认出来。

艾玛喜欢散步。有一日散步的时候,它居然救了一只蝴蝶。这只蝴蝶被一根倒下来的树干给堵在了一个洞里。树干对蝴蝶是个庞然大物,可是在艾玛来看,完全不是这么一回事。它很轻松地就用它长长的鼻子把树干给搬开。蝴蝶得救了。让艾玛惊讶的是,蝴蝶居然说:"艾玛,也许有一天我能报答你。什么时候用得着我,叫我好了。在哪里我都会听到你叫我的。"艾玛很不以为然。但谁也没有想到,因为冒险,它居然走上一条通往峭壁的岔道。等艾玛反应过来的时候,已经晚了。岔道太窄,它无法转身回返。唯一的办法,继续向前走到一个山洞,然后再掉转头。可是,就在快到山洞的时候,后面的岔道坍塌了。艾玛冲进山洞,连声呼救。无人应答。它突然想到蝴蝶:"蝴蝶啊,救命!"它还不待叫第二声,蝴蝶出现了。蝴蝶搬来了救兵——艾玛的伙伴们。

当然,发生在艾玛身上的趣事儿还有很多。譬如说,过化装节的时候,它把所有大象都涂成自己的颜色,而自己却没有化装成灰色,结果一夜之间象群全成了花格子的了。又譬如,冬天到了,艾玛会组织象群一起去冰面上溜冰,到山顶上玩打雪仗。再譬如,为了躲避和反击猎人的捕杀,艾玛组织象群踩高跷……

不奇怪,艾玛的世界真的就如常人所说:只有你想不到的,没有艾玛做不到的。

列那狐的故事

【法】玛·阿希·季诺夫人 | 著

　　说到狐狸，想必你脑海里立刻闪现的词眼就是：狡猾。是的，列那就是一只以狡猾著称于世的狐狸。提起它的狡猾，且不说它曾很轻易地骗过小鸟、兔子、雄鸡和猫，就是连狼和熊它也成功骗过多次。甚至，它还骗倒了狮王和王后。

　　春天来了，狮王选定在这个美好的季节召开大臣会议。狐狸列那缺席了。所有大臣都断定他是躲避审判而故意缺席。事实上，的确是。可是，它不在的时候，大臣们还是一样审判了它。不奇怪，只因为它为非作歹的劣迹实在太多太多。譬如说，狼叶森格仑就控告列那曾经恶毒地引诱它参加过多次冒险，最严重的一次是列那把它骗到结冰的池塘上整整冻了一晚上，又被猎人们一顿毒打。譬如说，雄狗柯儿脱说列那曾经伙同雄猫梯培偷走了他的香肠。再譬如，列那把整个鸡家族吃得只剩下七只……

　　大臣们一致同意要把列那带到朝廷接受审判。经过权衡，狮王派了狗熊勃仑去擒列那。狗熊勃仑见到列那的时候，列那告诉它，它之所以没有去朝廷参加大臣会议，完全是病重所致。而之所以生病，完全是一群可恶的蜜蜂给害的。说到蜜蜂，狗熊勃仑立刻来了精神，因为它爱蜂蜜地球人都知道。于是，馋涎欲滴的它央求列那给它引路去寻蜂蜜。蜂蜜藏在哪儿呢？列那把它领到一棵大橡树前，说蜂蜜就在那裂缝里面，只要狗熊把头伸进去就可以了。结果，狗熊真的把头伸了进去，甚至于连肩胛骨也伸了进去。这时候，列那拔了裂缝两端的楔子，狗熊的头被夹住了。要不是狗熊最后作了拼命一搏，它必然被随后赶来的人群乱棍打死。狗熊败下阵后，雄猫梯培又被派去捉拿列那。猫喜欢吃老鼠，众所周知。狐狸列那自然再清楚不过。于是，梯培来的时候，它决定用老鼠来款待它。老鼠在哪儿呢？农庄。至于如何进农庄，狐狸列那早亲手挖了个洞。不过，它不是为了捉老鼠，而是从农庄里偷好吃的食物。狐狸列那神不知鬼不觉地从农庄里偷了许多食物，尽管无人知道祸首是谁，但有小偷这事铁定是事实。于是，农民的儿子在那个洞口设了机关。不巧的是，这一日梯培听了列那的话，想进农庄捉老鼠。它才将头伸进洞口准备钻进去，便马上发觉脖子被一个东西套住了。好在，随着呼救声赶来抓小偷的人慌乱中砍断了那个绳套，它才得以逃脱……

　　庆幸的是，猪獾葛令拜最后领回了列那。可是，狐狸列那却说狗熊和梯培都是恶意诬陷它。理由是，它想尽地主之谊请勃仑去吃蜂蜜，孰料勃仑贪吃被夹，责任理应由它自己承担。至于梯培，它们一起共进了晚餐，甚至它还在家中为梯培准备了松软的床铺，可梯培贪吃农庄的老鼠，偏要留宿野外，结果惨遭毒打，又怎么可以怪它？因为凭它一只小小的狐狸在那种情况下孤身冒险，无疑自投罗网……

　　你看，这就是那只狡猾的狐狸列那。它，骗倒了所有的人。以至于直至今天，我们读着这些故事的时候，它还逍遥法外，过得自由自在。

大个子老鼠小·个子猫

周锐 | 著

提到老鼠和猫，大家必然想到它们是与生俱来的生死冤家。可是，也有例外。譬如说，我们今天认识的这只老鼠和这只猫，它们就是一对形影不离的好朋友。这只老鼠个子很大，所以名字就叫大个子老鼠。这只猫个子很小，所以名字就叫小个子猫。

大个子老鼠是男生，小个子猫是女生。他们之所以能成为好朋友，不光是因为大个子老鼠真诚、友爱，也不光是因为小个子猫善良、很漂亮……当然，最主要的还是因为：他们在一起的时候能够互相关怀，互相帮助，能够使得共同经历的每一件事，无一例外都看上去那么美好。不信，你们看：

一天，大个子老鼠和小个子猫同时知道了一个秘密：枕了谁的枕头，就会做谁的梦。大个子老鼠很想知道自己在小个子猫的梦里是个什么样子，所以，他想方设法借来了小个子猫的枕头。女孩子家的枕头果然不一样，大个子老鼠枕上去，觉得特别舒适。尤其不能释怀的是，枕头的气味特别好闻。晚上，大个子老鼠就喜滋滋地枕着这只舒服的枕头睡觉。不知什么时候，他进入了梦乡。在梦里，他如愿以偿，真的梦到了自己：梦里那个会唱歌的他站在船一样的房子的阳台上对着岸边唱歌。歌声美妙极了！不会唱歌的他知道小个子猫喜欢听，便"哗啦哗啦"地游上了船，跟着那个会唱歌的他学唱歌……梦里醒来的时候，他以为自己学会了那支歌。遗憾的是，他才一张开口，小个子猫便堵住了耳朵。好在，小个子猫安慰他说，不要紧，因为梦外边的他会做唱歌以外的许多事。大个子老鼠高兴了，他告诉小个子猫："那船一样的房子，房子一样的船，被我拴好了。下次你再做梦时，不用游泳就可以上船了……"

有一天，小个子猫上学迟到了。她告诉大个子老鼠，她迟到，是因为她家的闹钟坏了。大个子老鼠答应小个子猫，他愿意用吹号的方式去叫醒她。大个子老鼠为了将号吹得好听些，练得很辛苦，甚至于废寝忘食，夜以继日。第二天清晨，小个子猫果然被号叫醒了。可是，吹号的是大个子老鼠的妈妈。说实话，大个子老鼠妈妈吹得很难听。小个子猫不干了。不是明明说好了，得由大个子老鼠自个儿来吹的么？怎么才一天的工夫，就出尔反尔了呢？小个子猫去找大个子老鼠理论。到了大个子老鼠的家，小个子猫才知道原来都是大个子老鼠妈妈的一厢情愿。可怜天下妈妈心，她只是想让儿子多睡一会。误会解除了，小个子猫说，明天她来叫醒大个子老鼠。第二天，被闹钟叫醒的小个子猫真的来叫醒大个子老鼠了。不过，方式有点特别：她将重新上好发条的闹钟放在大个子老鼠的窗台上，然后又跑回自己的被窝假装睡去，她要等着窗外响起好听的起床号……

有趣么？一定得读一读才好。要不，你千万不要和人说，你知道什么是真正的朋友哟。

小·猪唏哩呼噜

孙幼军 | 著

　　小猪唏哩呼噜，原名小十二，他是猪爸爸和猪妈妈最小的孩子，排行十二。是的，猪爸爸和猪妈妈一共有十二个孩子。猪爸爸最怕动脑筋，而猪妈妈又是世界上最体贴最聪明的妻子。于是，眼看为了给孩子们起名字累得不行的猪爸爸就要困倒在地的时候，猪妈妈心疼地出主意："孩子干脆叫'老大''小二'……又分出了谁是谁，又好记！"本来一切都决定好了，偏偏马小姐多嘴，她说猪爸爸一家吃饭真有意思，远远的就只听见"呱唧呱唧""呼噜呼噜"的，尤其最小的小十二最有意思，总是"唏哩呼噜、唏哩呼噜"的。就这样，小十二有了一个很别致的名字：唏哩呼噜。猪爸爸觉得这样唤蛮好：一听，就觉得饭也香，菜也香，浑身都舒服。

　　小猪唏哩呼噜年纪虽小，但经历却不少。一天夜里，大狼潜进猪爸爸的家，把小猪唏哩呼噜扛了就跑。一觉醒来，小猪看到绿色的草丛正在他身底下飞快掠过，他以为自己在荡秋千，可是不久他便发现事实上自己正被一个大家伙叼着在跑。他根本不知道大狼的厉害。还和大狼有一句没一句地说话。结果你猜怎么着？糊里糊涂，他因为不知道目标在哪，居然从大狼手里接过了枪，然后直接指向了自作聪明跑到前面找目标的大狼身上。大狼的害怕是可想而知的：他一头钻进灌木丛，眨眼便

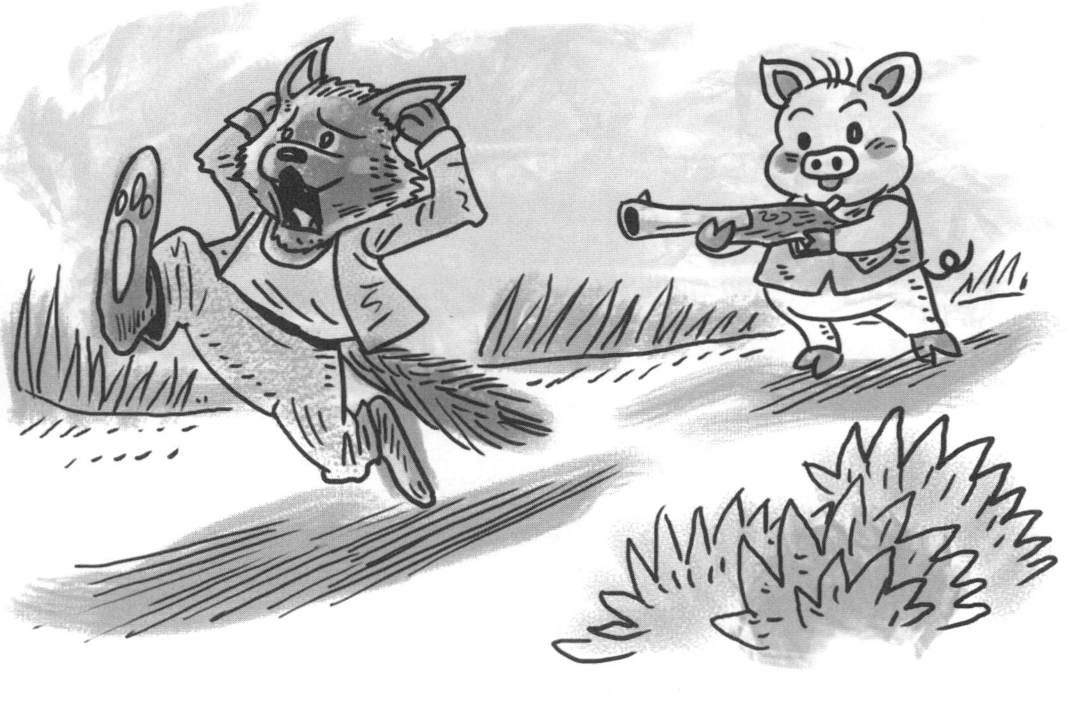

没了踪影。

唏哩呼噜要回家，却找不到回家的路。就在这个时候，他遇到一只只会说"你好""再见"的八哥。他们正说着话的时候，八哥突然从树上飞下，对他又拍又啄，好像疯了似的。小猪吓坏了，一头钻进深草。事后才知道，原来好心的八哥是要警示他有只月牙熊正从他的身后扑过来。不幸的是，好心的八哥之后很快被狡猾的月牙熊用计给捉住了。眼看八哥就要遭遇不测，小猪挺身而出。怎么办呢？你想象不出，笨笨的小猪居然用假装撞昏的方法为八哥的逃脱赢得时间，最终让八哥成功脱险。

当然，小猪也乘机跑掉了。但你同样想象不出，这一次路上，他竟然来到了大狼的家。确切地说，是大狼房子里那些吱吱哇哇的尖叫声吸引了他：三个小狼宝宝饿得一个劲儿哭叫呢。小猪根本不知道它们是什么东西，他只知道既然让他遇到，他就有责任帮助他们暂时解决难题。他找了个又低又湿的地方用嘴巴拱出蚯蚓给小宝宝们吃。一次，又一次，直至三个小家伙吃饱了肚子，变得快快活活。小猪呢，和它们一起打闹，嘻嘻哈哈，你追我赶，好不开心。但鬼使神差似的，月牙熊再次出现。更不妙的是，他直接奔向小猪所在的大狼的木板房子。因为他一直惦着大狼太太去世之后大狼那三个又肥又嫩的小狼崽子。事实上，刚刚前不久，他才吃掉了大狼太太……

这一次，唏哩呼噜又如何自救并脱险呢？小猪奇遇记，惊险不断，精彩连连，可是等你来看哟。

大象学校

迟慧 | 著

　　大象学校的诞生，得感谢一个人，一个小不点，一个不太让人省心的小家伙。至少，对于年轻的妈妈迟慧女士来说，那时候是这样。小不点名叫铁蛋。和全天下所有小屁孩一样，铁蛋也喜欢动物。可是，喜欢与喜欢也不一样。有人喜欢猫，有人喜欢狗，可铁蛋的喜欢，很容易让人吓一大跳。他喜欢大象。对，就是地球人都知道的那个耳朵像扇子大腿像柱子一样的庞然大物——大象。铁蛋的喜欢不是一般的喜欢。铁蛋的喜欢，是迷恋。他经常哭闹，但一提大象，说起大象的故事，他便立刻停下来，然后变得安静、乖巧，屡试不爽。起初，妈妈不以为意。但慢慢的，妈妈就摸着了门道。铁蛋一哭，妈妈就讲大象的故事。铁蛋一闹，妈妈就讲大象的故事。妈妈是作家，作家需要写作，而写作时则必须要安静。所以，妈妈就不得不没完没了地给铁蛋讲故事，讲大象的故事。今天讲，明天讲，后天还讲。于是，本是即兴之作的东西，就有了延续，有了绵长，有了生命。铁蛋乐在其中，妈妈同样也乐在其中。

　　妈妈有时候想，到底大象学校是自己讲出来的呢，还是这些故事原来就属于铁蛋的？想久了，讲多了，有一日妈妈突然顿悟：大象的故事本就是铁蛋的，只不过经妈妈的口讲出来而已。妈妈的恍然大悟，不无道理。不信，你看大象学校里发生的故事——

　　大象也有名字。每一只都有。倒倒，跳跳，吉吉，还有开开，这些都是大象的名字。哦，错了，确切说来，应该是小大象的名字才对。大象不是有学校么？既然有学校，就得上课。甚至，还有野外探险课程的设置。其实，很多功课教室里早已经做过，所以走出校门，孩子们根本没把探险什么的当一回事儿。他们只以为游戏呢。结果，麻烦来了，带队的鳄鱼校长居然带头掉进了陷阱里。之后，险情更是接二连三地纷至沓来：吉吉被朽木绊倒，开开掉进了河沟，跳跳擦伤了皮肤，倒倒一路踩了一百多脚粪便……校长虽然没有受伤，但又比任何人伤得要重。不过，不是外伤，而是内伤。都说什么来着？哦，对了，一朝被蛇咬，十年怕井绳。校长一次"鱼"失前足，自此便和"陷阱"二字结了怨仇。不要说看到，单是听到，也是立刻就会晕倒。并且，毫无征兆，说倒就倒。

　　植物大战僵尸，你一定不陌生。可是，你听过僵尸大战植物的么？你没见过，没什么好奇怪。毕竟僵尸国是个秘密所在。只不过，倒倒运气好，去图书馆借本书，恰巧就看到"僵尸系列丛书"字样。然后，他就走不动了。再然后，他就借了两本回家，一本《僵尸王国旅游攻略》，一本《僵尸摄影集》。倒倒本只是觉得好玩儿，随便看看，算是满足一下自己的好奇心。但是翻着翻着，倒倒便觉得有哪儿不对劲：这书中介绍的僵尸王国行程和旅游景点，和其他旅游攻略并无二样。再一翻《僵尸摄影集》，他居然翻出好朋友害羞僵尸的相片。倒倒有点崩溃，更有些欣喜若狂。于是，在倒倒的怂恿下，一帮子小大象们按照《僵尸王国旅游攻略》的指引，在一个周六的早晨，开始了探索僵尸王国之旅。

　　他们的运气还真是好。只是第一次尝试，竟然误打误撞，真的就进入了僵尸王国。让人啼笑皆非的是，去僵尸王国还需要签证。尤其

新鲜的是，僵尸王国的门牌号码都标在地上，因为地下就是僵尸们的家。午餐是免费的，但吃啥补啥。当然，这些倒倒们事前并不知道。结果，一向活泼好动的跳跳吃了"懒惰面条"，瘫倒在椅子上，目光忧郁呆滞。开开吃了两个"小傻瓜"，成了一个大傻瓜，愣头愣脑的什么也听不懂，连自己是谁都忘了干净。吉吉点的是"生气套餐"，结果吃完见啥都生气，气得满脸通红。倒倒也未能幸免，因为他吃了"娇娇洋葱圈"，结果说出来的话细声细气，娇滴滴的，他把自己都给吓傻了。

　　僵尸王国的僵尸五花八门。走路能打呼噜却又不会走错路的睡觉僵尸，喜欢独来独往冷默孤傲的孤独僵尸，一刻不停跑来跑去把大家撞得东倒西歪也全然不顾的奔跑僵尸，总是在不停地盖房子却又总也竣不了工的慢性子僵尸，整日忙忙碌碌不知消停的搬运僵尸，还有小丑僵尸、气球僵尸、旗帜僵尸和撑竿跳僵尸，等等，等等。只有你想不到的，没有你看不到的。僵尸王国的果园更是让人匪夷所思。树上竟然能结出小房子。房子有门有窗，各式各样，小巧精致。更奇怪的是，果树上每年结出的房子都不一样。具体什么样，完全由果树自己决定，由它每年看到和听到的故事来决定。当然，果树上结的不只是房子，还有服装、闹钟、家具和图形什么的。然而，不论怎样，水果都可以吃，味道皆美味无比。

　　……

　　无疑，僵尸王国的游历让每只小大象都留下了美好的回忆。但，这仅仅才是个开始。因为小大象们一刻也不肯闲着，他们必然开辟新的领地。事实是，一个没留神，他们又先后成为怪怪国和幻想国的游客。

　　这是大象的故事，是铁蛋的故事，同样也是你我的故事。至少，算得上我们小时候的故事。

小·屁孩日记·一年级屁事多

黄宇｜著

因为小，所以什么都不懂。因为什么都不懂，所以常常被人唤作小屁孩。因为是小屁孩，所以每天什么也不是的屁事都有一箩筐。

幼儿园毕业了，就意味着我要成为一年级的学生。可是我有太多想不明白的问题，譬如说是不是一年级要读一年，二年级要读二年，三年级要读三年……这么一算，我害怕极了：这么读下去，我得上多长时间啊。对于为什么要上学的问题，我也是百思不得其解。我问妈妈，妈妈说你问爸爸。我问爸爸，爸爸说你要小心。小心什么？学校里有大灰狼，还是老师凶得像巫婆？要不，就是我老了，老到幼儿园不要我了。不对，我想玩电脑游戏的时候，妈妈又说我太小，不能随便动电脑。我到底是大还是小？我还有许多担心，譬如在学校找不到鞋子怎么办？小怪兽来了怎么办……也许我的问题的确太多了，以至于问着问着，妈妈就常常忍不住抓耳挠腮说她头都大了。可是，我仔细看，妈妈的头还是原来的样子：问问题又不是吹气球，怎么会把人的脑袋给问大呢？

我算是个问题小屁孩，对吧？然而，你不知道，其实自从上了学，妈妈的问题比我还要多。一放学，她就堵住我：老师今天讲什么了？老师留什么作业了？学校中午吃什么饭了，吃得好不好？老师对你好不好？你的同桌是谁啊……我说老师没有布置作业，她居然就会呼哧呼哧直喘粗气：怎么会没有作业，上了学怎么会没有作业？然后，还要打电话给老师求证。你说烦不烦，才不过上了一天的学，问题就这么多，简直就是个问题妈妈。不过，我也有办法。"如果你真的想知道，明天就换你去上学吧！"这就是我对妈妈说的原话。

好在，校园生活还是蛮丰富的。说个举手的事儿。我们的班主任，是漂亮的田老师。不过，我以为她是甜老师，因为她说话甜得像蜜糖，笑起来还有两个好看的酒窝。甜老师说，有事情的时候要举手。我喜欢举手。有一次，我上课一共举了十次手。第一次是因为我要上厕所，第二次是因为同桌的胳膊碰到了我，第三次是因为我渴了，第四次是因为我又想上厕所……也许是我举手的次数太多了，甜老师说喝水、上厕所这样的事要放到下课的时候做，而且只有提问题的时候才可以举手。上课时间那么长，怎么熬啊？那就提问题：老师，为什么不把上课和下课的时间对调一下？老师，为什么那个字念"大"呀？老师，为什么你长得这么好看呢？老师，你结婚了吗？老师，什么时候下课呀……我不停地举手，因为问题太多。我累坏了，因为举手是件很累人的事情。

类似这样的糗事实在太多，三天三夜也说不尽。譬如收拾卫生，甜老师说我们长大了，要自己的事情自己做，我们自己做了，结果我们不但把教室，还把自己搞得乱七八糟一塌糊涂，于是她便让我们站在门口只许看不许动，然后她一个人里里外外重新收拾。又譬如，甜老师第一次表扬我，因为我一整天几乎屁股没有挪窝，上课一直规规矩矩，其实她不知道，我其实尿裤子了。再譬如……

还是你自个儿来看吧。只是，真的都是些屁事。当然，还得备注个友情提示：得学会克制，要不，笑痛了肚子，可别怪我没有提醒你。

小屁孩日记·二年级趣事多

黄宇｜著

　　我二年级了。不过，仍旧小屁孩一个。所以，你完全可以想象，我能够与你说的有趣的事儿，仍旧有很多很多。

　　暑假刚过，新学期开始，同学们聚在一起谈得最多的话题当然是暑假见闻。看他们聊得不亦乐乎，我也不甘示弱。我给他们讲了一个丛林历险的故事：丛林里到处都是高大的树木，叶子好大好大，可谓遮天蔽日。我正四处闲逛，忽然一只野猪奔过来。它两根大牙又尖又长，像两把尖刀，我吓得绕着一棵大树跑，然后索性爬上了树，累得野猪大口大口喘粗气……我讲讲停停，停停讲讲，吊足了他们的胃口。你猜怎么着？结果，所有同学都聚过来，把我围得密不透风。其实，真实的情况是：丛林探险不过是去姥姥家串门；野猪不过是两只家猪；野猪追着我跑，不过是有一次我很不幸掉进了猪圈里……

　　新学期，班主任还是甜老师。有一天上语文课，甜老师穿了一件我从来没见过的新衣服。新衣服是白颜色，让我吃惊的是衣服居然没有扣子。衣服没有扣子怎么套进去呢？而且它还不是T恤或套头大背心……老师说把书拿出来，我仍旧在琢磨这是怎么回事。一定有扣子的，可是在哪儿呢？老师说把书翻到第24页，我还是在想扣子的事儿。要么就是有拉锁？上面没有，下面呢？老师说今天讲第六课，第六课的内

容是……我实在忍不住了，就迫不及待把自己的这个惊人发现告诉给其他人。我给朱奇奇传了一张纸条。朱奇奇又传给其他同学。就这样，一个传一个，结果回到我手里，我才发现班上所有同学都在为扣子的事烦恼。甜老师很郁闷，因为大家都在为扣子的事发愁，没有一个同学在乎她上课的内容。没办法，她只好转了身给我们看：天，衣服背面整整一排扣子。最后，甜老师得出结论：上课的时候不能穿新衣服，尤其是特别一些的衣服。

圣诞节到了，我早早就把袜子准备好了。因为想得到一个最新型的变形金刚，担心一般袜子装不下，我就偷偷把妈妈的长筒丝袜挂在床头。睡前，我有意大声嚷嚷：圣诞老人别忘了送礼物。其实，我是有意说给爸爸妈妈听。果然，他们对视一眼，偷偷笑个不停。我知道他们笑我幼稚。其实，幼稚的是他们自己。因为我早就知道世界上根本没有什么圣诞老人。所谓驯鹿和会飞的雪橇，不过是妈妈哄我的童话故事。甚至于，我都知道每个圣诞节前一个晚上，都是爸爸悄悄跑进我的屋子，给我的袜子装上礼物。可是，我并不戳穿他们，只要有礼物，管它是谁送的。并且，这个秘密我得守着，要不礼物就没有啦。

有趣么？其实，何止这么几件。玩藏东西的时候，我把朱奇奇的书包藏得我自己都想不起来放在哪儿了。我们当值日生，一起扫地比赛看谁能扬起沙尘暴，结果个个都成了泥巴大侠，完了我去倒垃圾，结果人回来了，垃圾桶却丢了。父亲节到了，我特地选了个大盆仙人球送给爸爸，没想到我正忙碌给爸爸的显示器作装饰，爸爸突然推门进来，我吓得从椅子上掉下，一屁股坐在了新买的仙人球上……

还有哪些好玩的事儿？你不是有丰富的想象力么？尽管想吧。可是，我还是要郑重地给你提个醒：只有你想不到的，没有我做不到的。

小米的四个家

殷健灵 | 著

没错，小米有四个家：她在上海的家，爸爸的家，妈妈的家，还有她乡下的家。

小米上海外公外婆的家，常弥漫着一种淡淡的酸醋味。那是博古架上飘下来的味道。外公从小提琴厂退休之后，把做红木摆件当作了业余爱好。所以，家里的博古架上，一件一件摆了许多的小玩意儿。小米觉得外公的手会变戏法。一块小木头，一把锉刀，经了外公上下左右这么一打磨，很容易就会磨出许多小东西来。外公的手还会画画儿。画什么像什么。外公不做小摆件，也不画画的时候，就会把小米抱到膝盖上来。这时候，小米就会调皮地从外公的大腿上往下滑，就像公园里的滑滑梯。有时候，干脆直接趴在外公的小腿上，让外公把小腿一荡一荡，当跷跷板玩。

外公的家，总是很热闹。因为是老房子，各家的阿姨、婶婶和婆婆什么的，只要得空，便会在天井里聚着。择菜啦，洗菜啦，聊天啦，说笑话啦，只要大家愿意，话题永远没个完。当然，小米也有自己的玩伴儿。尽管偶尔也有两个大孩子会欺负她，但大多数时候，他们还是很有趣的，他们带着她一起玩，捉迷藏、过家家、丢手绢、装木头人……没有讲究，什么好玩玩什么。最有意思的是，等到稍稍大一些的时候，小米可以去马路拐角的一家烟纸店里去玩。在小米眼里，那是一家神奇的店，因为那里有她喜欢的各式各样的糖果、蜜饯，还有鱼皮花生。

爸爸的家在长江边上。打开窗户就能看到江水浩浩荡荡地流过。第一次去爸爸家的时候，小米才八个月大。妈妈把小米抱在怀里，她很用力地把身子往外面探，小手张开，好像要拥抱那奔流不息的长江。嘴里边还"哦哦""啪啪""呜呜"着，妈妈突然意识到，小米是在说这是一间在水上漂的房子。当然，小米感兴趣的不只是江，还有爸爸房子在前方的一间猪圈。爸爸以为小米会害怕猪，没承想，靠近了，小米居然咯咯笑起来，嘴里"啰啰"着学着大人唤猪，甚至伸手去够那小猪的鼻子。

妈妈的家是一处长在山坡上的房子。之所以说"长"，是因为它们整整齐齐排列着，像极了房子旁长满的树呀花啊草呀什么的。尤其神奇的是，远远地看，看久了，恍惚间，小米突然发现那些房子被树和花掩映着，好像本就不是人造出来，而是天生就和那些树呀花的长在一起。妈妈的家很安静很干净，远不像小米乡下的家，那是小米亲外婆的家（小米妈妈很小的时候，就由外公外婆抱养长大）。那是个在河边的家。亲外婆的家，似乎什么都有。咸肉、酱油肉、风鸡、青鱼干，直接挂在房檐上。厨房里有个大炉灶，灶台上还画了红红绿绿的花。在那里，小米可以和鸡啊牛啊，或是羊啊兔子啊什么的一起玩……

小米是不是很幸运？一个人居然可以同时拥有四个家。并且，还是四个风格迥异却同样趣味无穷的家。怎么样，眼红了么？那就一起来读读这套名为"甜心小米"的书吧。相信一定会带给你不一样的感受。

笨狼的学校生活

汤素兰 | 著

鹅太太是一只与众不同的鹅，她接受森林镇猫头鹰镇长的建议，在森林镇办了一所动物学校。至于学校的老师，鹅太太邀请到了牛博士和眼镜蛇小姐。只因为牛博士非常博学，而眼镜蛇小姐既精通数学，舞也跳得非常棒。当然，鹅太太自己也不闲着，校长之外，她还兼教音乐和舞蹈欣赏什么的。森林学校的老师都是多面手，课程也不固定。

牛博士教识字从最简单的汉字开始教起。譬如，人，大，太，这样的字。他一笔一画地教，但做梦也没有想到，这几个汉字会惹出麻烦。事情得从笨狼的居家生活说起。笨狼妈妈和所有的妈妈一样，终日忙碌于家务，但遗憾的是笨狼和笨狼爸爸丝毫不领情，通常是才收拾好的屋子眨眼间就被他们搞得乱七八糟。一天笨狼妈妈终于暴跳如雷，郑重宣布：从今往后，家务共同承担！笨狼新学了汉字，自告奋勇写了"搞好家庭卫生，人人有责"十个大字贴在客厅最显眼的位置。笨狼和爸爸的确坚持了一段时间。但问题是，诱惑太多。譬如说周四下午学校有个踢球的好机会。但不巧的是，笨狼家每周四大扫除。怎么办呢？聪明兔给他出主意，把"人人"改成"大人"就成了。就这样，笨狼痛痛快快踢了一下午的足球。之后笨狼爸爸因为想要结伴出去钓鱼，笨狼又引导爸爸如法炮制，把"大人"改成了"太太"。更不可思议的是，森林镇许多人家都发生了同样的事情。结果一追究，就追究到牛博士的身上，因为汉字是牛博士教的。好在，笨狼眼看牛博士要受难，主动站出来承认自己才是罪魁祸首。于是，这件事便以笨狼给镇上每户人家打扫一次卫生收场。

眼镜蛇小姐教算术。她身子柔软，教什么数字就把身体摆成哪个数字的样子，并且总是摆得又快又好。但问题是，她摆不了两位数，更不用说三位数了。于是，她宣布：10以上的数字一点用处也没有。笨狼不以为然，立马站起来说，10以上的数字有用，比如说班上有18个学生，要是没有18这个数字，班上不就没有学生了吗？结果，他挨了眼镜蛇小姐一粉笔头——这是她惯用的绝招。按理说，笨狼该委屈、失落或是愤恨的，是吧？可他却高兴地捡起粉笔头，跑上讲台还给眼镜蛇小姐："这节课，你第十一次打中我的鼻子！11也是10以上的数！"

鹅太太的办学宗旨是：德、智、体、美、劳全面发展。一天，她教大家拉小提琴。当她优雅地拉起琴弦的时候，所有的人都听得如痴如醉。但笨狼听了，却很认真地在一张纸片上写下：给鹅太太带一把斧子。因为他觉得那盒子里一定藏着什么东西，鹅太太锯了一节课也没有把它锯开，他觉得是鹅太太的锯子出了问题……舞蹈课上，笨狼同样与众不同。鹅太太踮起脚尖用优美的舞姿给大家讲述天鹅的故事，眼镜蛇小姐一会儿旋转一会儿摇摆，跳得像一个热情奔放的舞娘。大家都看得入了神，但笨狼看着看着，却急急忙忙跑了出去。他要去请青蛙大夫和白鹤护士，因为他觉得鹅太太的脚掌一定是受伤了，疼得只能踮起脚尖；而眼镜蛇小姐一定是吃坏了肚子，疼得无法忍受，要不怎么会满地打滚……

笨狼够笨吧？但你不知道的是，学期结束学校举行才艺比赛，他居然得了最佳演艺奖。

梦里花香

桂文亚 王泉根 | 主编

你知道吗，有一种文学体裁，它叫儿童诗。

有在农村生活的经历么？农夫插秧的场景你见过吗？生活中没见，电视电影中总该看过吧？是的，春末夏初的时候，气温略一升高，农民伯伯就开始忙啦。他们卷起裤管，赤了一双大脚，水田里忙着插秧呢。那个时候，天气真好：抬头是蓝蓝的天空，白白的云朵，远处是连绵的山峦，起伏的丘陵，近处是一望无际的田野。农民伯伯就在这样的背景里忙活，起早贪黑。该是我们司空见惯的景象吧。可是，诗人詹冰眼里却有了别一样的情趣。不信你看："水田是镜子/照映着蓝天/照映着白云/照映着青山/照映着绿树 农夫在插秧/插在绿树上/插在青山上/插在白云上/插在蓝天上"简单的几个句子，重复中略有变化，一幅浓妆淡抹的水墨画就出来啦。

蜗牛你不会不知道吧？每个有露水的早晨，草丛中，藤蔓之间，掺和着腥湿的泥土芬芳，你总可以发现它们忙碌的身影。这些可爱的小精灵，有大有小，小的有时像个芝麻粒，大的有时像只乒乓球。东张西望，一刻也不曾消停。可是，地球人都知道，它慢啊。即便是逃跑，也还是慢慢吞吞，慢慢吞吞，爬啊爬，爬啊爬，爬半天，你都急得满头大汗，它却还是原地打转。慢啊，要不，怎么会一听到形容谁谁动作慢，就要拿蜗牛说事，说是"你怎么像只蜗牛一样啊"。其实，蜗牛很冤枉。至少，诗人林良眼里，是这个模样。不信，你看："不要再说我慢/这种话/我已经听过几万遍/我最后再说一次/这是为了交通安全。"读罢，是不是禁不住"扑哧"一下，笑出了声？哈哈，要的就是这个效果。

蝴蝶，你一定不会陌生。一年四季，除了冬季，似乎各个季节都有。完全是一个拈花惹草的家伙。哪里有花朵，哪里就有它的身影；哪里有芬芳，哪里就有它的匆忙。其实，谁都知道它的"前世今生"。尤其是那些个让人见了忍不住就浑身起鸡皮疙瘩的毛毛虫，蝴蝶无论怎样五彩斑斓，可都是由毛毛虫变的呀。可是，尽管如此，人们还是对它们在花丛之中翩翩起舞的样子留恋不已，赞不绝口。以至于，即便一个民间传说——梁山伯与祝英台的爱情故事，人们也能想象出"化蝶"的场景。于是，诗人自然不甘落后，不信请见冯辉岳的《蝴蝶》："蝴蝶指着相册里的毛虫大叫/吓死我了/妈妈告诉她/这是你小时候的照片呀。"

有人说，读起来很愉快，读过了以后又觉得自己聪明了许多的，就是诗。儿童诗呢？它是"浅语的艺术"，它有更多"童心童趣"的捕捉。不怕不理解，只要觉得好玩有趣就好。书读百遍，其义自见。古人怎么说来着？熟读唐诗三百首，不会作诗也能吟。儿童诗，也是一样的。还想再读么？更多精彩，请见《梦里花香》哦。

乌丢丢的奇遇

金波 | 著

看到这样一个书名，你或许会以为乌丢丢是个人名。其实不然。

原先，乌丢丢不过只是一个木偶身上失落的一只小脚丫。有一天，它遇上了跛足的珍儿姑娘。不对，不对，确切说来，应该是跛足的珍儿姑娘遇到了它才对。那天，布袋爷爷演完木偶戏，眼看天色将晚，匆匆收拾就急急地挑着担子走了。爱看木偶戏的珍儿，因为流连忘返，无意中居然发现失落在草丛中的小脚丫。她很着急：布袋爷爷如果没有了这只小脚丫，那往后的木偶戏还怎么演啊？珍儿拄着拐杖一路狂奔。可是，一个拄着拐杖的女孩儿怎么可以走得快？结果可想而知，布袋爷爷没有追上，珍儿只好悻悻地将小脚丫带回自己的家。后来，很神奇的是，因为善良的珍儿姑娘将小脚丫缝到了她的布娃娃"丑娃"身上，小脚丫居然从此就有了鲜活的生命，能蹦能跳，能说能笑。因为他演的那个木偶名叫"独脚大侠乌丢丢"，所以，珍儿也就叫他"乌丢丢"。

乌丢丢和珍儿在一起快乐地生活了很长一段日子。可是，因为想念给予他最初生命的那个耍木偶戏的布袋爷爷，在珍儿过生日的前一天晚上，乌丢丢不辞而别，他离开了珍儿的家。他跳上一辆卡车，他要找寻他日思夜想的布袋爷爷。途中，因为受到惊吓，他从一间窗户跳进了一间屋子。就这样，他认识了屋子的主人——老诗人吟痴先生。在吟痴

老诗人的家里，乌丢丢还结识了"诗篓子"，和老诗人家多宝格上的许多"好玩的东西"，如木头小姑娘可人姐妹、樟木老头、泥猴儿、小鬃人、陀螺、不倒翁和蝌蚪人等。乌丢丢和他们一一结成好朋友。这段时光，乌丢丢觉得自己很快乐。可是，同时他也在为自己一度不曾想到布袋爷爷和珍儿姑娘而歉疚。于是，在吟痴老诗人的陪同下，乌丢丢重新踏上寻找布袋爷爷的征程。路上，他遇到了逆风的蝶、种鸡蛋的小姑娘、会飞的蛇、一条腿的蘑菇人……工夫不负有心人。最终，乌丢丢真的找到了布袋爷爷。可遗憾的是，他找到布袋爷爷的时候，布袋爷爷已经过世了。

因为感念珍儿给予他第二次生命，乌丢丢久经曲折，最后又回到了珍儿的身边。可是，一场火灾让他恢复了原貌，他又变成了一只小脚丫。变成小脚丫的乌丢丢，想到珍儿的种种友善，以及她生活的艰难，最后他做出了一个让大家猝不及防的决定：他把自己融入了珍儿的生命中——珍儿的跛足健康了，可是他自己却永远地走了。

这是一部优美的童话故事。乌丢丢因为能给孩子们带去快乐而获得了生命，他珍惜生命的可贵，并懂得用爱滋养生命，用爱回报生命。爱，让乌丢丢的生命变得更加鲜活、有趣；爱，也让乌丢丢和老诗人的友情变得神圣……

戴·小·桥和他的哥们儿
——特务足球赛

梅子涵 | 著

我们是一群小孩子，都刚上学。不过，没有女孩，全是男孩。我们只要在一起，就会又蹦又跳又吵又闹又哭又笑——

我叫戴小桥。只是，班里同学都喜欢叫我大香蕉。我不明白爸妈为什么要给我起这个名字。妈妈说，这是爸爸起的。爸爸却说，他事前征求过她的意见。妈妈说，征求意见是征求意见，起是起。于是，他们就争执起来。结果他们都有理。爸妈总说我做事不肯动脑子，看来，他们给我起名字的时候也没有动脑子。有趣的是，我爸爸的名字叫戴豆豆，人家从小到大都称他为大土豆。显然，他的爸爸妈妈给他起名字的时候也没有动脑子。

林晓琪是我哥们儿。我喜欢叫他林小气。其实，他并不小气。之所以那么唤他，只不过因为谐音的关系罢了。林晓琪的爸爸是经理，所以林晓琪总是有很多吃这个吃那个的票。尤其让我们眼馋的是，他常常有一沓一沓的吃肯德基的票。有了这种票，去吃肯德基就不要钱了。票可以直接当钱使唤。有了票，林晓琪从不会忘记我们。他请客，他买单，从来都是这样，毫不拖泥带水。尽管每次我们吃前吃时吃后总是吵啊吵

啊吵的，可是林晓琪从不计较，照请不误。

对了，还有一个毛小弟。不过，千万不要误会，虽然他名字叫"小弟"，但并非我的哥们儿。他是我们的语文老师，也是我们的班主任。只是，因为关系处得不错，他和我们像哥们儿一样。但记住了，只是"像……一样"。毕竟是老师，你懂的。毛小弟一直没有结婚。他的理由是：幸亏我没有结婚，要不我生了一个小孩儿和你们一样烦，那肯定头痛死。于是，我们也说今后不要结婚，理由和他一样。毛小弟毕竟是毛小弟：你们不要烦，生下来的小孩儿不是就不像你们一样烦了吗？我们恍然大悟，并齐声回答，能够做到不烦。于是，他同意我们结婚。

我们常常在学校门口的那块空地上踢足球。有一次，马儿帅执意"转会"到我们这一方，并且坚持要当守门员。这是个意外。我们不答应不行。杜家严说，如果我们不答应，他就不踢了。——球是他带来的，他不踢了，我们自然也踢不成。我们只好答应。可是，踢着踢着，问题出来了。马儿帅球门不守，竟然常常跑出去将我们攻到对方球门的球给带回来，甚至于踢进我们自己的球门。一次，两次，三次……我们终于发现，他原来是个足球特务。

……

有趣么？更多精彩的故事还在后面呢。有机会，还是自己来读一读吧。

戴·小·桥和他的哥们儿
——喝汤的土匪

梅子涵 | 著

你读过《戴小桥和他的哥们儿》丛书么？如果有，那么，你肯定认识我戴小桥，也肯定知道我和我的哥们儿是怎样的一群小孩儿。不过，这本书全部是我们的新故事。新故事的意思就是以前你一个也没有听说过。不信，你看——

课堂上，汪小中同学向教我们语文的毛小弟提了个问题：古时候，"家"是谁的房子？毛小弟丈二和尚摸不着头脑。我们也是。我们根本不知道汪小中葫芦里卖的什么药。不过，很快就知道了。因为，正当我们所有人迷惑不解、不知所措的时候，汪小中很自得地告诉大家，是猪住的房子，并且有书为证。曹迪民马上叫起来，我们都是猪，汪小中首先是猪。汪小中很淡定，他并不介意曹迪民的无礼。事实上，他还有问题要问：谁知道朋友的"朋"为什么是两个"月"吗？曹迪民说，因为一个月亮在天上会孤零零的，两个月亮在天上就成了好"朋"友。他刚说完，杜家严便举起一张纸：汪小中和猪是好朋友！

显然，杜家严不是一盏省油的灯。当然，如果仅仅他不是一盏省油的灯，也就算了。但球踢得最臭的他，却嚷嚷着要当裁判。没人同意。

不奇怪，大家都知道他的球技。可是，他想当就得当。没有多少理由，因为足球是他带来的。当就当呗。问题是，什么是犯规他都不知道。结果果然出事情了。比赛中，他的哨子一直响一直响，我们简直不用再踢什么球，因为稍有动作，他的哨子就会响起来。他甚至规定空屁的手心一面是黄牌，手背的一面是红牌。最不可理喻的是，他还随意罚人下场。想罚谁，就罚谁。理由都不用找一个。结果，汪小中忍无可忍，直接用手背把他罚下场。

有时下课无聊的时候，我们会做一些很离谱的游戏。譬如，我们比赛在教室墙壁上踩脚印，看谁踩得高。天下没有不透风的墙。毛小弟知道了。其实，也不用透什么风，他有眼睛不是吗？上课了，踩脚印的人都跑了，可墙在那儿，脚印在那儿，白墙脏脚印，是个人都能看得清楚，想得明白。毛小弟没有生气，他只是说，放学后踩墙壁的同学全部留下来。我们留了下来。没想到，毛小弟是要带领我们一起刷墙壁，先用砂纸磨去脏脚印，然后再用涂料刷。毛小弟说，今后再让你们往墙壁上踩脚印，你们就舍不得了。的确是，这修补墙壁的事儿有趣是有趣，可是辛苦呢。我们奇怪他是怎么知道谁踩的墙壁。你猜他怎么说？你们不打自招。

我们都在学校吃午饭。菜加不了，汤却可以。毛小弟管加汤。我们的吃相很难看。杜家严和曹迪民咬一口鸡腿又咬一口鸭腿时，毛小弟便说，你们很像电影里的土匪。结果，我们就都成了土匪。有的甚至还把腿跷上了桌子……

还有么？有的。你们自己来看吧！嘻嘻！

戴·小·桥和他的哥们儿
——逃跑的马儿

梅子涵 | 著

　　这是梅子涵先生《戴小桥和他的哥们儿》丛书的第三本。对了，我还是男一号戴小桥。尽管这些故事的主角依旧是我和我的那几个哥们儿。可是，无一例外，故事内容全都是新的。

　　汪小中说，星期五晚上他们住的小区要举行晚会，有很好看的节目，还有电影可看。大家觉得很新奇，纷纷表示要去看。星期五转眼就到了。下午放学后，我们早早地赶到现场。可是一直等到天黑，而且越来越黑，也没有其他人来。所以，就甭提什么好看的节目和电影了。我们很纳闷。一起问汪小中，究竟怎么回事。汪小中很冤枉，他说他看通知上是这样写的。于是，我们一齐去看汪小中所说的贴在墙壁上的通知。真是不看不知道，一看吓一跳。怎么呢？通知上写着："……星期五（5月11日）晚上七时整，在小区广场举行周末晚会，并放映电影……"可是今天已经是5月25日了。

　　不知道你有没有同感，我们的爸爸妈妈似乎总有忙不完的事情。至少，我的爸爸妈妈就是经常如此。爸爸妈妈忙得顾不上我的时候，就经常将我送到他们的一个朋友家。爸爸妈妈让我叫这个朋友叔叔，可是每一次去，我都会叫错，不是叫他叔叔，而是叫他外公。叔叔不高兴。我说，因为你有许多白头发。不是我夸张，千真万确如此。事后，我也觉得这样叫不好。可是，身不由己，完全是条件反射。第一次这样，后来明明想好，但是叫起来的时候又是叔叔，然后再改过来，所以前后连起来，听上去就成了"外公……叔叔"。

有一阵，我和我的小伙伴们全成了"马"。只要是下课，无论走廊、操场，还是放学、上学的路上，相互遇到，便"驾——"的一声，各自一拍屁股，然后就像马儿一样跑起来。老师说我们都疯了。老师说的对。汪小中和马儿帅确实疯了。有一次，他们俩竟然打赌，看谁敢把马儿骑到老师的办公室。结果，他们差不多同时冲进老师的办公室。办公室只有教我们算术的哇哇老师。"哇——"她被吓了一大跳。汪小中和马儿帅见势头不对，转身便跑。他们不是马儿吗？跑得快呢。可是，跑得了和尚，能跑得了庙？毛小弟说，不能够，有他在呢。

这两天，林晓琪比谁都辛苦。因为放学回家路上他必须捡垃圾。否则，回到家他妈妈就会说："你今天晚上不要吃饭了！"原来前两天他和他妈妈一起走在路上，他随手就把擦嘴巴的纸扔到了地上。妈妈提醒他，他屡教不改，所以一着急他妈妈就想出了这个办法。什么时候才可以不捡呢？他妈妈说，一直到他以后不再随手往地上乱扔东西了。大家看在眼里，急在心里，于是一齐动手帮着他捡垃圾。谁知，捡着捡着，大家竟然上了瘾，谁都不希望第二天垃圾捡不成了。

不错的感觉吧？可是，有趣的远不止这些呢！

拇指班长

商晓娜 | 著

拇指班长？请勿惊讶，更莫要跌了眼镜，因为真的确有其人。

拇指班长，确系只有拇指一般大小。当然，她原本与正常人一般无二。她叫孔西西，乃五〇三班的班长。她学习成绩优异。考试考得最差的时候，也能排个第三名。她爱干净，校服穿一个星期也不会脏。她的歌也唱得好听，班上只要有歌唱比赛，最终上台领奖的必然是她……简而言之，她的优秀之处，实在举不胜举。不知道是否可以说是机缘巧合，她偏偏遇上一个名叫孔东东的同学。不要以为他们是一家人，事实上只是名字凑巧而已。但奇怪的是，名字虽只一字之差，可是其他方面，两人却有天壤之别。确切说来，该是孔东东与孔西西相差十万八千里才对。但这不是孔东东生气的理由。让孔东东气得跳脚的，是孔西西动辄就到班主任王老师面前告他的状。是可忍，孰不可忍。于是，孔东东决定让孔西西吃点苦头。

一天放学，孔东东提前赶至孔西西每天放学必去的那家冷饮店。他为孔西西准备了一份特别的珍珠奶茶。怎么个特别呢？你只要想象里面掺和的东西就知道了。胡椒粉、花椒粉、鸡精、嫩肉粉、酸梅粉……真可谓琳琅满目，应有尽有。结果，孔西西一不留神，将这杯奶茶真的就喝了下去。如果只是喝了，然后肚子出现一些不适什么的，也就算了。

但是离奇的事情发生了：喝了奶茶的孔西西一点点地缩小，一点点地缩小，最终，她居然缩成了拇指一般大小的一个小人儿。若不是亲眼看到，一定误会她就是童话世界里的拇指姑娘。

你以为孔西西变成拇指般大小了，就好对付了，是吧？错了，大错特错了。因为她的软硬兼施，孔东东不得不临时当起了她的保姆。并且，还得整天和她形影不离。没办法，这祸事由孔东东惹出来，孔东东得担起责任。要不然，孔西西那么小，那么轻，走到路上，一阵风刮来怎么办？要是马路上被个什么人踩着怎么办？然而，这还不是事情的全

部。事情的后续是，孔西西竟然得寸进尺，进驻孔东东的家，霸占了孔东东的床，甚至还到处制造恶作剧。她会与孔东东抢厕所，她会在孔东东的早餐里加些乱七八糟的调味品，她会在孔东东进门的时候设置一个陷阱……不过，随着相处时间的增多，孔东东慢慢发现，孔西西其实也挺可爱。譬如说，她敢与小霸王斗智斗勇。譬如说，她驾着飞碟竟然及时预报了一处火灾。再譬如说，她第一次孤身闯天下，便捣毁了一个蚂蚁老巢……

小人儿的生活固然精彩，可毕竟不是长久之事。孔东东开始研制解药，以期恢复孔西西本来的面目。孰料，弄巧成拙，孔西西没有恢复模样，他却将自己也变成了一个拇指小人儿……

有趣的情节，与离奇的想象相伴，走进了，相信你会快乐得几乎要飞到天上去。

去年的树

【日】新美南吉 | 著，周龙梅 彭懿 | 译

这是一本童话集。有些什么样的精彩童话呢？不急，我们慢慢来。

林子里住着一个神仙，他喜欢和孩子们玩儿。可是，孩子们一直不知道。因为神仙一直没有显过形。只有一次，一个没留神，神仙在孩子们面前穿了帮。那是一个雪后的早上，孩子们玩将脸印在雪地里的游戏。印好了，大家来数。一，二，三……出乎意料，十三个孩子却数出十四张脸来。再数，还是如此。孩子们一合计，敢情还有一个神仙在呢。于是，他们定计捉神仙。怎么办呢？大家伙由前至后排成一列，然后挨个报数。末了，果真继"十二"之后，有人答了"十三"。于是，孩子们纷纷扑过去。神仙吓一大跳，落荒而逃。从此之后，孩子们再来林子里玩的时候，神仙便只敢在远处招呼他们了。

一棵树和一只鸟是好朋友。小鸟天天给树唱歌，不厌其烦。树天天听小鸟歌唱，乐此不疲。冬天来了，小鸟得飞回南方去了。临走之前，小鸟和树约好，来年春天到来的时候，小鸟还要飞来给树唱歌。冬去春来，小鸟真的飞回来了。可让小鸟惊讶的是，他的朋友——树不见了。树原先所在的位置，只有一截树根静静地戳在那儿。原来，树被人砍倒运到了山谷那边。小鸟急匆匆地飞到山谷那边的工厂。可是，还是迟了一步。因为树已经被做成火柴卖到了远处的村子里。小鸟又飞到了村子

里。在村子里，小鸟看到煤油灯旁的一个小姑娘。小姑娘告诉他，火柴烧完了，不过火柴点燃的火苗还在。于是，小鸟目不转睛地盯着火苗，然后，他深情地唱起了去年的歌。

　　田野里，两只青蛙偶然相遇了。他们彼此瞧不上眼。因为他们一只是绿的，一只是黄的。他们打起来。意想不到的是，他们势均力敌，一时间谁也战胜不了谁。如果天气好，也就算了，至少可以一战再战的，对吧？可是，冬天就要到了，他们该钻进土里去睡觉啦。怎么办呢？他们约好来年春天再战。一转眼，第二年的春天来了。真的要如当初约定的那样，还要继续打吗？才不。洗过澡，浑身干干净净，他们竟然相互欣赏起对方来。于是，和好就成了最后的结局。

　　书中还有其他的精彩故事么？当然有。譬如《狐狸被派去买东西》《国王与鞋匠》《一年级小同学和水鸟》和《盗贼和小羊羔》等等。不经意间，作家新美南吉的文字，便将你领进人与动物的灵魂深处，让你产生同情，获得共鸣，并感受到文字背后的温暖与诗意。

书包里的老师

周锐 | 著

书包里会有老师么？有的。至少李多多遇到这么一位。

那一天，李多多和平时一样坐地铁去上学。车开了，他觉得哪里不对劲。因为旁边座位上的一个书包里总是传出"喀达喀达"的声音。更奇怪的是，这个包无人认领。那一刹那，李多多立刻想到定时炸弹。乘客们也乱了套。大家正不知所措的时候，忽然书包里有人说话："不是定时炸弹，是我在吃瓜子！"接着，书包盖启开，果真就冒出一个圆圆的脑袋。他自称是包老师。至于原因，他说得很详细："一来因为我住在书包里，二来因为我大小难题包解决……"

李多多听得很清楚，一也好，二也罢，的确都是与"包"相关。不过，还别说，日子久了，李多多发现，包老师的确是名副其实的包老师。任何时候有麻烦事，只要赶到地铁站，站在站台上将他给的一颗瓜子合在掌心炒呀炒，炒呀炒，然后大声地念一段"炒一炒，叫一叫，包老师，马上开"，列车就会轰隆隆开过来，而包老师也就随之显身。李多多试过，屡试不爽。

李多多要学游泳了。妈妈怕出危险，就给他买了一个大游泳圈。多多听话，上课时真的就带了去。体育老师奇怪了：学游泳不是玩水，你带这东西干吗？多多实在，有一说一："我妈怕我会淹死……"结果

惹得同学们哄堂大笑。多多难为情极了。没办法，事后他只好向包老师求助。于是，包老师给了他一个可以戴在手指上的游泳圈。又上游泳课了，多多还是以前的多多。神奇的是，多多下水之后，立刻就会游了，甚至还游到了深水区……

李多多功课多，每天都要做到很晚。可是爸爸要看电视。看就看呗，要命的是，爸爸一边看，一边喜欢指手画脚，甚至还要大呼小叫。"好，下底传中，进一个……"诸如此类，导致多多三分钟一回头，实在是静不下心来。妈妈呢？更是有过之而无不及。干吗呢？煲电话粥。事实上，也并没有什么重要的事，无非就是东家长李家短的琐事。可是，妈妈却能对着话筒一说就是一个钟头两个钟头。因为说得眉飞色舞，兴高采烈，所以多多堵起耳朵也没有用。怎么办呢？包老师给多多一块上面写着"请安静"的小牌牌：只要挂在脖子上，谁也打扰不了。多多回家一试，还真是：妈妈和爸爸虽然能张口，却发不了声……

精彩真的很多。一句话：只有你想不出的，没有包老师做不到的。

"淘气包马小跳"系列之 "小·英雄和芭蕾公主"

杨红樱 | 著

地震发生的时候,马小跳正在上课。秦老师让大家用"亡羊补牢"造个句子。毛超第一个举手。让人喷饭的是,毛超居然以马小跳为素材造了个句子。马小跳耳闻目睹,自然不甘示弱。于是,他第二个举手。可是,他正准备以牙还牙的时候,突然面前的秦老师向他扑过来。紧接着,窗户哗啦哗啦响起来,整个教室就像一艘在海浪中颠簸的船,然后有盆花从窗台掉下去,远处巍峨的高楼奇迹般如钟摆一样左右摇晃……地震了!这突如其来的、电影里才见过的情景,刹那间一览无余地呈现在大家面前。秦老师经验丰富,一声大喊:"地震了!孩子们,快跑!到操场上去!"女先男后,三分钟不到的时间,全校师生都疏散到了操场。可是,到各班清点人数的时候,唯独少了秦老师。有人说,秦老师最后一个离开教室,马小跳和张达立刻飞一般冲向教学楼。幸运的是,二楼拐角处,他们看见了正扶着墙艰难挪着步子的秦老师。秦老师得救了。准确地说,全校师生都得救了。

但,离这座城市一百多公里的望龙山地区却没有这么幸运。里氏八级地震让这个村落成了孤岛:通信中断,道路封闭。而最最让马小跳揪心的是，生活在那儿的爷爷和奶奶一直没有消息。往日活蹦乱跳的他，突然间变得心事重重。死党们不适应，变着法儿安慰他。不料，弄巧成拙，马小跳放声大哭。秦老师把马小跳领进办公室。巧的是，秦老师办公桌上一份报纸赫然有个醒目的标题：我是班长——记小英雄马天宝。

马天宝谁呢？就是马小跳在爷爷奶奶家度假时认识的"小非洲"。因为他生得黑，全村的人都这么叫他。地震发生的时候，他们也在上课。教他们语文课的郑老师当时离教室门最近，她见形势不妙，立刻用手撑着教室变形的门框让孩子们赶紧跑。小非洲刚跑出去，房子轰的一声就倒了，把郑老师和他的二十三个同学都封在了里面。小非洲顾不得害怕，来不及细想，立刻折回救老师和同学。找到郑老师的时候，郑老师压在几块预制板下，他一手抱着牛壮壮，一手抱着田小燕。小非洲要拉郑老师，郑老师让他先救田小燕。田小燕得救了。小非洲跑回去再拉郑老师，郑老师说先救牛壮壮。牛壮壮得救了。但等小非洲再折回来跑到郑老师身边的时候，一块预制板掉了下来，砸在了小非洲身上……医院里见到小非洲的时候，小非洲头皮被掀了一大块，一只手也没有了。毛超想，如果小非洲不再跑回去，或者只跑回去一次，不再跑第二次，那么……小非洲打断了他的话："哪能这么想？我是班长，我必须这么做！"谈到未来，他说他要多吃饭长头发，要练习左手写字左手吃饭，还要去上学。可是，一说到上学，他就哭了。因为他的学校不在了，他的郑老师和二十一位同学已经没有了……

去医院探视小非洲的时候，马小跳们认识了对面病房的一个女孩。报纸上说，她是"废墟上的百灵鸟"。她被救出来的时候，已经在废墟里埋了差不多七十个小时。为了不让自己睡着，她一直在唱歌。她原本是个活泼开朗的小女孩，但现在却变了。她不笑，不唱，也不说话。她的眼神里只有哀伤。被同学们号称"芭蕾公主"的夏林果看出，她是个天生跳芭蕾舞的料。但不幸的是，现在女孩的一条腿没有了。然而，有办法的是夏林果。她居然身体力行，让女孩认识到芭蕾舞中手比脚更有表现力，甚至颈部、肩部和背部都能体现芭蕾舞的美感。慢慢的，女孩变了，不仅有笑，而且重新恢复了自信，跟着夏林果一起继续学习芭蕾舞。甚至于，在之后电视台举办的六一赈灾晚会上，她和小非洲一样自信满满登上舞台，甚至还和她梦中一直出现的芭蕾王子共同演绎了一段惊艳全场的《在梦想的天空》。

小非洲没有了妈妈，爸爸下落不明，老师和同学也没有了，但他有了新的家、新的学校和同学。小百灵没有了腿，但因为圆梦行动小组，她又恢复了往日的生机和活力。时间在推移，美好的故事总在延续。作者杨红樱说：马小跳一直是我想写的一个儿童形象，可以说，他是我的理想，我在他身上寄予了太多的东西，比如教育的、家庭的和学校的，对童年和孩子天性的理解，做老师、做母亲的人生体验。一句话，她想通过这个真正的孩子呈现出一个完整的童心世界。一路读过来，你感受到了么？

非常小子马鸣加

郑春华 | 著

　　马鸣加第一天上学的时候，是自己进的学校。哦，不对。确切说来，是在离学校大概还有一百步远的地方，他才和妈妈挥手告了别，然后很神气地一个人往学校大门走去。这时候，他才七岁。马鸣加的书包很大很大，差不多盖住了他的整个后背。他神气十足，当然不只因为这个小山似的书包，还因为一路上他看到的小同学，都是由家长陪着。但是，就要跨进学校大门的时候，他突然想起来还没有和妈妈约好下午放学时让妈妈继续在分手处等他的事，于是又折回来再告诉妈妈。可是，等到告诉了妈妈重新又跑回去，在离校门口还剩二十步左右的时候，校门"砰"的一声关上了。"妈妈！"这是马鸣加的哭喊。不奇怪，马鸣加一着急就会这样。他每一次哭之前都要喊一声"妈妈"，他习惯了。要不，他哭不出来。

　　马鸣加上学不到一个星期，就对语文课没有了好感。都是写字惹的祸。本子小，本子里面的格子更小，可是老师偏要规定不准把字写到格子外面去。马鸣加呢，很少受拘束，写个字，要不就是左半部分伸出去了，要不就是下半部分跑到第二行的格子里了。所以，老师没少批评他。"认真点""重写""字体要端正"，诸如此类，直批得马鸣加头皮发麻，身子发抖。但重写也没有用，马鸣加就是马鸣加，他一生气就写不好字，前面还算听话，可是时间一长，就又回到起点，怎么舒服怎么写。这不，有一回新年联欢，他报个节目自己署个名，居然报幕人给读成了"马口鸟力口"。

马鸣加的同桌是毛毛虫。当然，这个名字是马鸣加的杰作。谁家爸爸妈妈会给自己孩子取名叫毛毛虫呢？只不过姓毛而已。毛毛虫喜欢梳两根辫子，长长的很像绳子。有趣的是，毛毛虫的辫子像开关，无论何时，只要马鸣加伸手一拉，不论毛毛虫在做什么，她都会"哇"的叫一声，然后乖乖就范。马鸣加掌握了这个秘密，可就不怕毛毛虫说自己坏话、向老师告状，或是发表与自己不同的意见了。他手一拉她的辫子，毛毛虫就会立刻闭嘴。按理，毛毛虫这般遭受欺负，马鸣加一定逃不了好。可奇怪的是，即便妈妈问起毛毛虫总是乱糟糟的辫子，毛毛虫也不把马鸣加给供出来。马鸣加虽然有欺负她的时候，但她生怕妈妈告诉老师，老师又会罚马鸣加抄课文。更何况，马鸣加还常常帮她的忙。

春天到了，老师组织同学们一起外出春游。一大早，马鸣加就跟乡下流动售货摊似的，背着一书包的食物急急忙忙往学校赶。同学们见了面，什么都不说，只拼吃的。尤其是马鸣加，整得跟个货郎摊主一样，一路吆喝，把一袋袋的食物像扔篮球似的扔过来扔过去。老师实在受不了了，就火了："马鸣加，你再不坐好我就请你下车！"马鸣加赶紧坐坐好。不过，一声不吭多没意思。说不了话，就动嘴开吃。和别人分享不成，就自个儿吃。他一直吃，不停地吃，直吃到舌头发麻，肚子发胀，吃到书包瘪了，车子停下来。可是才下车，马鸣加便感觉不对——肚子痛。同学们蹦啊跳啊，笑呀唱啊，玩了这个看那儿，总之忙得不亦乐乎。唯独马鸣加一直弯着腰身痛苦地与肚子做斗争。最后，不得不花了很长时间找到个厕所解决问题。从厕所出来，马鸣加刚要准备"神气活现"，集合的哨子已经响了。哎呀，这个悔啊，马鸣加简直想哭。你听，归去的途中，同学们一个个意犹未尽地谈论着各自的见闻，他却只记得植物园的厕所。

这个小小的马鸣加，让人啼笑皆非的事儿当然远不止这些。有机会，你一定要来看一看哟。

我的儿子皮卡·尖叫

曹文轩 | 著

皮卡不是车，他是个孩子。所以叫皮卡，是因为他爸爸姓皮，而他出生的时候很不容易，要不是有个胆大的医生最后像拔萝卜似的把他拔出来，他会一直卡在那儿。

皮卡和别的孩子不一样。他一出世，就睁开了双眼，并很专注地打量围观他的那些人，医生，护士，爸爸和妈妈，他一个不落地看过去。当哥哥皮达迫不及待从产房外冲进来的时候，他居然也看了哥哥一眼，甚至还笑了一下。这一切做完之后，他才开始啼哭。他哭得非常有力，也很有趣，就像吹响的小号。

刚出生的皮卡，每天只做两件事：睡，吃。吃饱了睡，睡足了再吃，不哭不闹，总是那么安静，以至于几乎所有人都认定这是个安静型的孩子，是个乖娃。但谁曾想到，前面出了医院的大门，才进家，他却突然哭起来。毫无来由，先是小声哽咽，继而便哭出声来，接着逐渐加高调门，一路哭向顶峰，直哭得屋子每个角落都盛满了他的哭声。无论爸爸妈妈怎么哄，就是哭个不止。没办法，爸爸妈妈只好再次返回医院。但让人啼笑皆非的是，一踏进医院的大门，皮卡的啼哭声就立即停止了。医生作了检查，没有问题。可问题是，一进家门，皮卡又哼唧起来。一家人试过抱着来回颠簸，敲打锅碗盆勺，撕报纸，但只要停下来，他就又开始啼哭。没完没了。再到大医院去检查，结果仍旧一切正常。然而，夜啼郎却是名副其实的。于是，爸爸也好，妈妈也罢，甚至最疼他的哥哥皮达，也被折腾得疲惫不堪。

爸爸是个事业心极强的人。妈妈也是。哥哥皮达因为夜里照顾皮卡，总睡不好，兼着爸爸整天为皮卡所累，无暇辅导他的功课，他的成绩开始下滑。没办法，爸爸妈妈只好痛下决心，把皮卡送到乡下的奶奶家。奇怪的是，出行的那个早晨，半岁不到的皮卡似乎知道了些什么，爸爸妈妈忙着为他准备东西的时候，他出奇得乖巧。坐在童车里不哭不闹，只是睁着一双亮晶晶的大眼睛，跟着爸爸妈妈转。为了担心妈妈突然改变主意，爸爸没有让妈妈送行，只身一人两个大包一个娃就踏上了归乡的旅途。长路漫漫，但皮卡出乎意料的安静。车上或是船上，有来往的人向他示好，不管是谁，他居然都友好地朝着别人笑笑。

船到码头的时候，乡下的爷爷奶奶和四个姑姑们为皮卡举行了隆重的欢迎仪式。于是，皮卡开始了全新的生活。这种生活，简而言之，就一句话：他成了爷爷奶奶的王，成了姑姑们的王。半夜，爸爸不在，皮卡哭个不止，三姑便抱了他出门去看乡下的夜色乡下的天空，一路走一路看，直看到皮卡沉沉睡去。他学走路的时候，一家人蹲在前面，又是招手，又是呼唤。他会走路却又再也不走的时候，几个姑姑便整天轮流抱着他东奔西走。等到他会跑起来的时候，便不停地往外跑，也不停地往回跑，跌倒了爬起来再跑。一家人玩扑克牌，一张一张打在桌子上，皮卡一张一张收起，然后就一直握在手里，即便睡熟了也要握在手里。三姑教小朋友们画画，他不画，却套了彩笔的笔套在手指头上，十个指头十个笔套。任谁也休想取下来。一天看电影丢了一只笔套，非得找回

来。结果大半夜，全家总动员，一路追踪，直至找到丢失了的那只笔套才罢休。

最出奇的是，有一天皮卡突然知道自己有了一个很特别的本领：尖叫。他只要拿嗓子一捏，就会很容易发出尖叫。他高兴了，尖叫；愤怒了，尖叫；兴奋了，尖叫；害怕了，尖叫；伤心了，尖叫；别人不注意他了，尖叫……有时根本不需要任何理由，他想尖叫了，他就尖叫。他的尖叫曾招来一场大雨，曾惊吓过周五爷的鸭群，曾吓僵了演出的孩子们，甚至让三姑幼儿园的小朋友花儿接连三天惊恐未定……

但，地球人都知道，这仅仅是个开始。正如编者所说：皮卡歪歪扭扭地走过来了，那也是你走路的样子，也是所有长成大人的人曾经走路的样子……

我的儿子皮卡·跑偏的人

曹文轩 | 著

在爸爸妈妈眼里，皮卡是个没心没肺的孩子。

比如说，头发都变成鸡窝状了，还是尽可能想尽一切办法，不要去理发店。即使早就和爸爸妈妈说好了，到时候却是能拖则拖，不能拖还是变着法儿拖。有时候，居然为了理个发，还要和爸爸妈妈讨价还价。譬如某一天，他发誓干掉头顶上的那个鸡窝，条件却是：爸爸妈妈必须得带他和哥哥去吃自助餐。自助餐吃了么？当然吃了。可是，这个平时大方得能把自己都送给别人的家伙，在自助餐厅这种地方，却同时又是一个十分抠门、见钱眼开、见便宜就上的家伙。他一盘又一盘地狂塞，直塞到喉咙眼里都填满了食物，话也说不出一句。结果可想而知，头发又没有理成。因为出了餐厅才十几步，他便捂着肚子直喊痛。爸爸叹口气，只好陪着他在校园里遛了三个小时，直到皮卡噗噗噗放出一长串响屁肚子不痛了才回家。那时候，已经是夜里十一点了，理发店早关门喽。

皮卡的没心没肺，还突出表现在他毫无立场。在爸爸妈妈看来，哥哥皮达就是一只移动的炸药桶，一点就着。他改变发型，基本是"无法无天"，从不向爸爸妈妈招呼。有一回，理个"马桶盖"回家，爸爸怒不可遏。皮达却说，你不懂。皮达说就说了，他逆反期，不是吗？可是，皮卡也跟着对爸爸说了一句"你不懂"，然后径直跟着皮达进了皮达的房间。一天，皮达染黄了头发回来，爸爸气得脸冷得像块冰，皮达问皮卡是否好看，皮卡毫不犹豫地答了一句："好看"。在皮达的怂恿下，皮卡之后居然也把发型改成了皮达的模样——鸡冠头。更可怕的是，不久哥俩儿又一起改成了光头。

妈妈说，父亲与儿子是天生的敌人。显然，妈妈是对的。青春期，皮达是这样。即便青春期还早着的皮卡，也是这样。爸爸妈妈没辙，只好忍耐，好在也有光鲜生动的时候。

因为梁栋老师，皮卡喜欢上了数学，并且很快就让自己的"短腿"变成了"长腿"。然而，他正自得的时候，梁老师却胳膊打着石膏吊着绷带走进了教室。原来，英俊潇洒的梁老师是一个病人。他的病很怪异：发作时，会失去方向，两条腿完全不由自己控制。他所以受伤，是因为那天放学回家往汽车站走，走着走着，就走到了马路中间，然后被一辆车给撞倒。梁老师已经无法在课堂上像往常那样随手就可以画一条很直很直的直线。更严重的是，他会时不时因为跑偏而无法准时走进教室。当皮卡又一次在马路上看到梁老师跑偏而陷入车流中的时候，他决定和何自达一起护送老师上下班。他甚至细心到要随身带一根绳子，以防梁老师力气大，他和小伙伴控制不住。一天，两天，三天，梁老师最后离开了学校，离开了这座城市所有的人。可皮卡仍旧想着梁老师，想着梁老师随手画出的直线，想到爸爸故乡油麻地那广阔平原的尽头那条地平线……

显然，皮卡是可爱的。虽然他并不纯粹，甚至有时候，他把自己给跑偏了。

再见了，小气鬼

赵苣玲 | 著

你的周围是否有这样一类同学，他们总是喜欢招惹别人。没有理由，完全由着自己的性子。想怎么说，就怎么说。想怎么做，就怎么做。

你站那儿好好的，他突然就怒气冲冲地奔过来："你走开啦！干吗挡我的路？"你和同学玩游戏，不小心碰到他了，他像刺猬似的，没等你开口道歉，就先开了腔："别惹我，小心挨揍！"几个女同学玩芭比娃娃的游戏，他经过旁边，毫不客气丢下一句："你们好幼稚！"一个同学正吃巧克力，他看了也要骂："你是猪啊！一天到晚都在吃。"考试进行中，他检查发现一题有错，顺手就拿了同桌的橡皮擦，同学想制止，他却理直气壮地说："你真的很小气啊！"……就是这样，似乎谁也拿他们没有办法。日子久了，谁见谁怕，谁见谁躲。

官丽佳上五年级后的第五个星期，就遇到这么一位。为什么是第五个星期，而不是第一个星期，不是开学的第一天呢？对了，这位仁兄是半道转学过来的。好家伙，长得人高马大，连绰号也很酷。"火爆浪子"，听听这名，你就知道这位同学是何许人也。起初不知道，一来二去，大家了解了，自然就远远地躲着他。可是，都是一个班的同学，只要是上学时间，总免不了有接触。你想敬而远之，可是人家不愿意，总

会主动出击。很无奈，大家只好向班主任詹老师求助。

他坐不更名，行不改姓。对，他就是钟逸骏。都说人如其名，真人还真是放荡不羁。好在詹老师有的是办法。这不，一天上课，逮着机会，詹老师将屡教不改的钟逸骏请到教室外的走廊罚站。站就站吧，还有要求："从现在起，到下课为止，你必须对经过你面前的每一位老师或同学，说一句好听的话，而且不能重复，如果没做到，下节课继续。"钟逸骏惊讶无比。因为从小到大，一向我行我素的他，从来都是习惯于对人挑三拣四，骂来骂去，还真没对别人说过什么"好话"。

第一个经过他面前的竟是平时常跟他"过不去"的训导主任。眼看着训导主任就要离开视线，钟逸骏才结结巴巴喊了一声："主……任……好！"结果，主任惊喜地停下脚步："你好啊！没想到今天你变得这么有礼貌。"钟逸骏有些尴尬，不过心情倒是挺愉快的。第二个经过的是隔壁班的吕老师。钟逸骏很谄媚地恭维："吕老师，你好漂亮呀！"吕老师顿时心花怒放："哇，这是我今天听到的最美妙的话了，小帅哥！"小帅哥？钟逸骏有些不相信自己的耳朵。要知道，这个词汇可是有生以来他第一次突然发现和自己相关。钟逸骏有些飘飘然。这一飘飘然，就让他有了惯性。这不，一低年级男生冒冒失失差点撞到他时，他竟然条件反射似的说了一句："小心点，慢慢走！"小家伙原本脸都吓白了，这么一弄，他瞬间就露出笑容："大哥哥，你真好！"当六年级那个常和他打架的男生跑过来讽刺他，说他"活该"的时候，钟逸骏居然能竖起大拇指："你是我遇到过的最强的高手！"这一夸，显然让对方大吃一惊。结果，"嘿嘿嘿"几声，再应一句"你也是"，那位仁兄很愉快地挥手而去……

　　尝到说好话的好处，钟逸骏从此温和许多，同学们也渐渐愿意接近他了。并且在十月最后一个星期二，詹老师组织"庆生会"轮到"优点大轰炸"这个节目时，钟逸骏居然一下子成为全班同学的讨论焦点。大家争先恐后地讲，你一言我一语，几乎可说是没完没了了。有人说他不再骂人了，有人说他会微笑了，有人说他会很有耐心地教同学做数学题了，有人说他会跟同学打招呼了，有人说他会称赞别人了，有人说他个性温柔了……这么说，谁也招架不住。更何况钟逸骏呢！

　　就这样，轻轻松松，詹老师改变了一个"浪子"。方法是不是很特别？其实，关于詹老师更妙的事还有很多很多。不信，你就来读一读这本名叫《再见了，小气鬼》的故事书吧。

苹果树上的外婆

【奥】米拉·洛贝 | 著，【奥】祖西·魏格尔 | 绘，张桂贞 | 译

　　安迪没有外婆。可是，几乎所有的孩子都有外婆。这事儿，常常让他忍不住伤心。有时候，一大早，他就开始琢磨这事儿。

　　你看，走在路上，遇着好朋友格哈德了。安迪约他下午一起在苹果树上搭一个凉棚，很显然这是一件极为有趣的工作。可是格哈德拒绝了，理由是：下午他的外婆要带他去坐旋转木马。上课时，他想约坐在同一条长椅上的罗伯特来家里玩。可是，话才说了一半，罗伯特便不由分说，很兴奋地打断了他的话。原来，罗伯特的奶奶要从美国来看他……结果，下午安迪只好独自一个人坐在苹果树上。

　　妈妈告诉安迪，在安迪的父亲还小的时候，安迪的奶奶就去世了。而在安迪出生前不久，安迪的外婆也离开了人世。可是，安迪仍旧希望有一个外婆或是奶奶。妈妈给安迪看了外婆留下的相片：羽毛装饰的帽子，白色鬈发，逗乐的笑脸，胳臂上的大挎包，裙子下面帅气的花边裤子……安迪看得很仔细。所以，即便之后他闭上眼睛，他都能清晰记起外婆的形象。

　　可是，天底下就有这么奇怪的事情：不知是不是因为安迪朝思暮想的缘故，有一天，外婆突然就坐在了安迪的身旁。外婆就是安迪看到的照片中的那个样子。她吃酸的苹果，建议安迪也尝一尝。走在街上，

她从不注意交通规则。坐公共汽车，她要上二层，甚至从挎包里取出两个方向盘，自己一个，安迪一个。她带着安迪坐旋转木马。她还怂恿安迪吃蘸芥末的香肠，还有甜甜的棉花糖。船形秋千，她也和安迪一起坐了。她甚至还和安迪一起头朝下翻个了跟头，然后从另一侧飞下来……更妙的是，这一天之后，外婆天天会出现在安迪的身旁。前提是，安迪单独一个人待在苹果树上。之后的日子，有些令人匪夷所思。外婆带着安迪去了草原套黑马，不久又开始了不可思议的海上旅程。外婆还许诺要带安迪去印度捉老虎……可是，这个计划却因为一个突发事件被暂时中断。

这个突发事件就是，安迪的世界里出现了一位新邻居奶奶。这位新邻居奶奶行动不便，她常常需要安迪的帮助。安迪喜欢帮助别人。所以，自从有了这位新的邻居奶奶，安迪便开始了快乐的奔波和忙碌……

安迪觉得自己其实很幸运：起初，他一个奶奶也没有；现在，却一下子有了两个：一个外婆，一个奶奶；而且，他还可以给其中一个讲另一个的故事……

我教爷爷学会爱

毛咪 | 著

　　小敏不满五岁的时候，父母因为车祸，双双离去。于是，一夜之间，她成了一个孤儿。之后又突然发生了一场大火，把小敏的家烧得什么也不剩。还好，外婆一直对她疼爱有加。"小敏真好，真贴心，是上天送给我的小天使！如果没有小敏，外婆的日子不知道要怎么过哟！"每隔一段时间，这话外婆都要说一遍。

　　小敏懂事。外婆的难处，她看在眼里，记在心上。她唯一的目标就是把书读好，好让外婆高兴。父母离开之后，外婆是她最亲的人，她希望外婆健康长寿，永远和她生活在一起。和外婆在一起，耳濡目染，小敏学会很多。譬如乐观开朗，譬如热心助人，譬如要对已有的东西心存感激，不为失去的东西抱怨。于是，慢慢的，小敏明白，凡事不应只看到自己的不幸，而应把眼光放远，多看看有没有其他人需要自己的帮助。小敏一旦懂得，便立刻化为行动。在学校，她帮助同学解答功课上的问题，解决同学间的纠纷矛盾；在家里，她是外婆的好帮手，打杂、找零钱难不倒小敏。为兼顾外婆的生意和自己的功课，小敏索性就在店门口写作业。

　　一天黄昏，突然狂风大作，小敏赶快帮外婆收拾杂物准备打烊，却看到一位老爷爷正吃力地拄着拐杖从不远处走来。雨突然落下来，老爷

爷瞬间成了落汤鸡。小敏见状立刻拿起一把伞就奔了过去。老爷爷说，家里人都把他当作废人看待。小敏觉得老爷爷很可怜，便让外婆留老爷爷一起吃晚饭。出乎意料，很简单的饭菜，老爷爷却吃得格外香甜。吃完，老爷爷要走，小敏不放心，老爷爷很感动小敏的关心，掏出一只怀表想赠给小敏。小敏坚决不肯接受，理由是，从小外婆就告诉他，关心应该是从心里自然发出来的，绝不能想着要得到什么好处。

老爷爷愣了一下，然后收起怀表走了。但自此之后，他却成为外婆店里的常客。每次老爷爷来，都会买上几个外婆的水煎包。有时他会和外婆、小敏聊几句，有时默不吭声吃完就走。可是，只要他来，小敏总是热情招呼，嘘寒问暖。有时见到他走路吃力，就主动伸出手去搀扶。就这样，老爷爷时常光临他们的店铺，似乎就成了他不可或缺的一种生活习惯，不论刮风下雨。可是，小敏注意到，老爷爷总是孤单一人。于是，老爷爷再来的时候，小敏就试着邀请老爷爷同去孤儿院送水煎包。孤儿院孩子们的笑声和快乐感染了老爷爷，老爷爷还表示下次有机会再去。

其实，她们不知道的是，老爷爷是一个商人，她们家几条马路之外造型独特的豪华别墅就是他的家。在外人看来，他威风霸气。即便对家人，也是毫无例外。有一天老爷爷来到店里，拿出两张支票给外婆，每张都是一百万。他说一张是要感谢祖孙俩带给他快乐开启了他的视野，另一张则代捐给孤儿院。外婆当然没有收。后来，她们才知道，老爷爷一直生长在一个绝对服从权威、不知如何表达情感的环境，渐渐的，造就了他现在这个只知道天天钩心斗角、尔虞我诈的家庭。用老爷爷自己的话来说，因为外婆和小敏，他突然发现自己白活了大半辈子。

读一读吧，只有这样，你方能知道"关怀"的力量有多么强大。

我的责任我来扛

武维香 | 著，黄南祯 | 绘

我的责任我来扛？有没有搞错？我才是个小屁孩，能有什么责任？

不急，我们还是先从故事开始。故事的主人公叫阿国。阿国生活在一个大家庭。他有爷爷、爸爸、妈妈、妹妹和弟弟。每天清晨还是四点半的时候，阿国的家里便热闹非凡。没办法，爸爸妈妈的早餐店得赶在五点半准时营业，他们总得提早做些准备。近来爸爸的腰伤又犯了，不得不常常往医院康复科跑。所以，每个清晨尽管阿国很想再多睡一会儿，但每每想起这些，他便睡意全无，然后立刻就翻身起了床。

他可以帮爸爸搭把手。爸爸抬汤，他推车。爸爸推车走了，他又去拿马克杯、面纸和咖啡豆，然后再急急送到巷口的早餐店给爸爸。有时甚至直接帮着爸妈准备饮料、吐司和各种果酱。当然，阿国能做的，绝不仅仅如此。周末，爸爸妈妈忙碌不过来的时候，他还可以帮着看店。是了，阿国还时常守护在爷爷的身边。爷爷摔了一跌之后，行动不便，连三餐都得有人照顾。此外，阿国还兼顾着照料妹妹和弟弟。妹妹三年级，弟弟才两岁半，小呢。穿衣服，泡牛奶，他几乎一刻不得清闲。他是爸爸妈妈的长子，他责无旁贷。偶尔，阿国也有怨言。譬如这样忙碌的时候，恰好与社团的活动有冲突。可是，少将退下来的爷爷告诉他，将军和士兵一样重要，能力越强的人，责任越大，爸爸妈妈正因为相信他，才把许多事情交付于他。

陈臻是阿国最好的朋友，他们互相信任，无话不谈。陈臻点子多，对任何事情都兴趣浓厚。他有一种与生俱来的魅力，举手投足都威风凛凛，俨然是披着战袍的大将军。阿国呢，就是他的小兵。陈臻天马行空的想法，都是由阿国付诸实践。新学期，陈臻成了学校创意美术社的社长。但问题是，大家正布置社团活动场地的时候，社长却突然失了踪。陈臻做事一头热，还时常突然变卦，随意改变计划。他总是习惯一手揽下事情，却又不认真执行，上静物课的时候没有准备静物，排定的演说时间没找到演说者，预定去参观美术展，结果只去了吴老师一个人……失误一次又一次，阿国总给他擦屁股，让他一次又一次"逢凶化吉"。期末的一次户外实践，因为一意孤行，陈臻让自己受了伤、伙伴们集体被困山林。关键时候，还是阿国担起责任，不畏风雨，孤身犯险，最终为同伴们又一次找到回"家"的路。

还要嚷嚷自己没什么责任可扛么？还记得阿国爷爷的话吧？即便一个小兵，也没有谁可以将他看轻，除非他先看不起自己。记住了哟：肩上挑得起重担的人，才能赢得他人的尊敬。

桥下一家人

【美】纳塔莉·萨维奇·卡尔森 | 著，

【美】盖斯·威廉姆斯 | 绘，王宗文 | 译

上了年纪的流浪汉阿曼德，他不愿意住在巴黎以外的任何地方。所以，横跨塞纳河的大桥底下便是他的栖身之所。不过，阿曼德并没有什么家当。这么说吧，一个没有车篷的婴儿车，对，就那么大，可以推走他所有的东西。可是，阿曼德却从不介意自己生活的落魄与无奈，他总是很快乐。

然而，一个傍晚，一切全都变了个样。因为阿曼德返回住处的时候，发现，自己的地盘被三个陌生的孩子和一只小狗给占了。那可是他的家，他一直住的地方。阿曼德既惊讶又生气。他想赶走这群不速之客。可是，随着接触的深入，他忽然对这些孩子有了好感。结果，他非但没有赶走他们，也不知什么缘故，他还紧靠着他们住了下来。尤其不可思议的是，他甚至还主动和他们分享了自己的食物。包括他们那只他原本很让人讨厌的狗，他也很认真地给它分了一份。天黑的时候，孩子们的妈妈回来了。阿曼德感觉到妈妈的不友好。第二日醒来，他忽然被一种不安的想法时时困扰着：他在替孩子们担心。他发现自己对这些孩子是那么的友好。他想，他的生活应该有所改变了。可是，怎样改变呢？他不知道。

　　孩子们的妈妈白天出去做工的时候，阿曼德便自告奋勇，充当起孩子们的临时保姆。他带孩子们去逛街，他带孩子们去看他的朋友。聪明的阿曼德，借助孩子们美妙的歌喉，为孩子们挣来一些法郎。于是，孩子们有了食物，有了快乐。孩子们开始亲切地唤他爷爷。因为一个偶然的缘故，孩子们要搬家了。阿曼德决定和孩子们一起搬家……

　　从此，阿曼德和孩子们一起开始了颠沛流离的生活。尽管阿曼德慢慢有了家的感觉，可是他更深切地感受到这些孩子对真正的家的渴望。为了实现孩子们的愿望，阿曼德决心振作精神，改变自己，不再以乞讨为生。因为朋友的帮助，也因为自己的不懈努力，不久之后，阿曼德真的以一个崭新的面貌获得了一个适合他的工作。更为重要的是，他也因此让那些孩子有了一个真正的家……

妈妈走了

【德】克里斯托弗·海茵 | 著，陈俊 | 译

　　九岁的乌娜有一个完整的家。她有一个漂亮的妈妈，一个强壮的爸爸，另外还有两个聪颖过人的兄长。最最重要的是，爸爸妈妈和两个哥哥都爱她。当然，乌娜也爱他们中的每一个人。乌娜觉得很幸福。她总觉得，如果没有了妈妈和爸爸，没有了兄长卡勒尔和保罗，没有了他们美丽的花园，她就不能活下去，一天也不能活下去。

　　可是，有一天夜里，妈妈走了。她是真的走了，悄悄地。不是暂时的离家出行，而是因为疾病，永远地离开了她所深爱着的这个家，离开了她所挚爱的美丽花园，去了另外一个不为人知的世界。随之而去的，是妈妈天使般的微笑，和她对亲人以及所有生命的温情脉脉的爱。由于爸爸的坚持，孩子们没有能够见到妈妈的遗容。尽管他们一再央求，可是爸爸依然表示不可以。爸爸的解释是，妈妈走了，躺在床上的已经不是她，留在他们记忆中的妈妈应该是鲜活的，而不是死去的，应该是温暖而有诗意的，而不是冷冰冰什么表情也没有的。

　　之后是一家人以泪洗面的日子。爸爸难过。兄弟姐妹三个更加伤心。家里的一切都变了。大家吃不到妈妈亲手烹调的精美菜肴了。乌娜搭配衣服时也手足无措了。尤其是晚上上床睡觉以后，从前妈妈总要给乌娜读故事，可是现在没有了……爸爸开始下厨，可是无论他做得怎样

用心，结果总是很难让人满意。乌娜穿衣服也曾试着向爸爸征求意见，
可是爸爸总是抓耳挠腮，沉默不语。再问下去，他便豁地来上一句，还
是去问你妈妈吧。可是妈妈在哪儿呢？大家都知道，妈妈已经不在了，
妈妈永远地离开了这个家。晚上临睡前，爸爸临时扮演了妈妈的角色，
可是故事无论愉悦还是悲伤，到后来都是朗读者和倾听者一齐想哭⋯⋯

家里的一切都变了。

不知多少个日子过去，忽然有一天，他们觉出这样有些不对头。
最先是乌娜的哥哥保罗。"我需要同情，可我不需要这样无休止的怜
悯⋯⋯"他说。大家一致同意。并且大家马上便意识到，其实他们并不
孤独，他们是四个人在一起。于是，此后的日子里，爸爸和孩子们携
手并肩，相互抚慰，用各自温暖的手抹去彼此脸上的泪滴，艰难地努力
着，开始寻找未来生活的支点与快乐⋯⋯

魔镜

【西班牙】霍尔迪·塞拉利昂·依·法布拉 | 著

谭博 杨红 | 译

今天，对哈维尔来说，是非常非常糟糕的一天。

早晨因为贪睡，在他走进教室的时候，上课铃早几分钟前就已经响过了。理所当然，那个顽固、迂腐的教导处老处女梅赛德斯小姐把他的名字记在了迟到学生的名册上。这是本月他第二次榜上有名。他十分难过。但更让他难过的是，这仅仅是个开始。数学课上，老师让他上黑板做题，他什么都写不出来；人权课上他的表现更糟；文学课上，他张冠李戴，把塞万提斯和堂吉诃德给弄混了。而踢球的时候，因为忘情地盯着他心仪的一个女孩，他居然在对方球友抬脚射门的时候浑然不觉，结果球从他的双腿之间滚进了球门。所以，你完全可以想象出他遭了同学怎样的白眼。午餐因为一点儿都不喜欢，几乎没吃什么，以至于一下午他都饿极了。下午最后一节课因为纳丘的错，他无辜地被老师赶出了教室。之后，为了不让梅赛德斯小姐发现他而在违反校规的名册上把他记上一笔，他不得不躲进厕所……

放学的铃声虽然把他解救出来，但新的问题又出现了。因为住在城郊，每天哈维尔只能独自回家。于是，孤单和寂寞成了困扰哈维尔的两大心事。为了打发上下学路上的无聊，他习惯了想象。有时他想象自己是著名的摇滚歌手，粉丝不可计数；有时他想象自己是全世界最优秀的

间谍……是了，说到间谍，因为朋友一本名为《间谍必备素质手册》给了他启发——一个优秀的间谍绝不会重复走同一条路，绝不会连续两次经过同一个地点，他开始尝试每天从不同的路绕道回家。

这天，哈维尔拐进一条又窄又阴暗的街道，遇见一个奇怪的白胡子老爷爷。尤其让他惊讶的是，这个老爷爷的眼睛会变颜色。譬如，说着话的时候，它们突然就变了，绿色的变成棕色，蓝色的变成灰色。过一会儿，又会变成其他颜色。原来老爷爷是卖魔镜的。他从袖子里取魔镜的时候，动作快得简直让人无法相信。特别神奇的是，他的宣传海报居然可以飘浮在半空中。哈维尔倾其所有买下了老爷爷的魔镜。这不仅仅是因为老爷爷的神秘，更重要的是这面镜子可以看到未来，看到即将发生在自己身上的事情。可是，转过街角的时候，他与一条狗相撞，结果镜子摔得粉碎。好在，还有一块巴掌大的碎片。尽管只有巴掌大，但是魔力依然不减。于是，在家里他成了父母的宠儿，因为他能预知球赛的结局；在学校他成了"国王"，所有的男孩女孩都靠近他，因为他有超能力……

这都算是好事儿的，对吧？可是，哈维尔很快就觉得不对劲。因为有了魔镜之后，他慢慢迷失了自我，成了魔镜的奴隶。因为可以预见未来，他开始放弃所有的原来可以坚持的努力。于是，他的生活变得愈发糟糕。但这不是最终的结局。因为他是哈维尔，他一直在寻求改变。

想知道更多的故事，还是亲自来读一读吧。

木偶奇遇记

【意】卡洛·科洛迪 | 著，刘秀娟 | 译，丁晓蓉 | 绘

老木匠樱桃师傅发现了一块像孩子一样会哭、会笑的木头。

他吓得不轻。刚好他的朋友盖佩托来寻一块做木偶的木头。于是，他转手就把这块奇怪的木头当作礼物送给了盖佩托。一回到家，盖佩托就开始雕刻他的木偶。不可思议的是，一边雕刻，一边木头便活动起来。雕了眼睛，眼睛就可以看了。雕了鼻子，鼻子马上就变长了。嘴巴还没有刻好，它就开始嘲笑、挖苦起它的主人。它是个小无赖。尽管它唤盖佩托爸爸，但是它却只是戏弄他，手才雕好就拿走了他的假发，脚才雕好便踢了他的鼻子。像所有的顽皮小子一样，当它会走的时候，它便跑起来，然后就逃到了街上。

这个木偶就是淘气鬼匹诺曹，这是它爸爸给它起的名字。对于爸爸的遭遇，它并没有放在心上。在世界上所有的手艺中，只有一样真正让他感兴趣，那就是：吃饭、睡觉和给自己找乐子，从早到晚游荡。它的朋友蟋蟀曾为此告诫过它。可是，蟋蟀却被匹诺曹狠狠地砸了一锤子。没有了爸爸，它的生活开始变得糟糕。家里没吃的，它饿极了，寒风刺骨的冬夜它不得不沿街乞讨。回到家迷迷糊糊熟睡的时候，它的脚又被火烧得化为灰烬。但是，这个时候，它的爸爸回来了。对匹诺曹，爸爸是有怒气的。可是，他原谅了这个孩子，并且把他带回的早餐——三个

梨子，全部给了匹诺曹。爸爸又重新为匹诺曹做了一双脚。甚至，他还卖掉自己唯一的外套，给匹诺曹买了上学的新课本。因为匹诺曹承诺过要做个热爱学习的好孩子。

但，为了看木偶剧团的表演，上学路上匹诺曹竟然卖掉了新课本。之后，匹诺曹遇到了强盗。一个长着蓝头发的漂亮仙女救了它。它不吃药，她当它是个孩子一样哄着它，一次又一次。不过，她也惩罚了它：它每说一次谎，鼻子就长长一些。完全康复之后，匹诺曹又走上寻找爸爸的归途。

你想象不到，它居然又和强盗不期而遇，被骗了金币不说，还被关进监狱。四个月后，它侥幸被放。但不幸的是，不久它又遭遇大蟒蛇、中了困兽夹，还当过农夫家的看门狗，对它呵护备至的仙女也死了……好不容易有了点爸爸的线索，转眼爸爸连人带船又被一条大鲨鱼吞没……长大的仙女再次出现，它唤她妈妈，答应她以后会听话、会好好学习，它立志要当一个品学兼优的好孩子。可是，天底下哪有那么容易就改掉的秉性哟。小伙伴们的影响和诱惑，让匹诺曹一次又一次地重蹈覆辙。难能可贵的是，仙女一直是仙女，她像所有关心孩子的妈妈一样，从来没有忽视过自己的孩子，而是一直慈爱地帮助它。即使匹诺曹做了错事、坏事，陷入了困境，她也会在第一时间伸出援手。当然，帮助它的，还有始终对它不离不弃的爸爸。

所以，聪明的你，应该可以想到故事的结局怎样。是的，如匹诺曹自己所想的那样，最后它真的成了一个举止得体、真正的好孩子。

格列佛游记

【英】乔纳森·斯威夫特 | 著

　　我叫格列佛。虽是个医生，但因为喜欢冒险和航海，所以较之于许多人，我有一些不同寻常的经历。譬如说，我曾去过一个小人国，还去过一个大人国，我还曾因为海难流落到一个飞岛国和一个慧骃国。

　　如果你没有亲历小人国，我想你根本不会想到小人国的国民是个什么样子。我的船靠近东印度群岛时突遇风暴，不幸撞上暗礁四分五裂。虽然之后我们爬上一艘救生艇，但厉害的狂风还是把我们掀翻入海。也许是冥冥之中有神灵保佑，最后我很幸运地被刮到一片浅滩之上，捡回一条性命。这片浅滩就是小人国的国土。在我因为饥渴昏睡过去再次醒来的时候，我居然被五花大绑，丝毫动弹不得。睁开眼，我不由毛骨悚然，浑身起鸡皮疙瘩。因为正有四十多个小矮人踩在我身上，其中一个不足六英寸手持弓箭肩背箭袋的家伙还向我的肚皮走过来。我忍不住，尖叫了一声。你猜怎么着？他们居然吓得四散逃开。还有几个不小心，从我肚皮上滚下，手给摔断了。对于我这个巨大无比的不速之客，小人国自然心怀戒备。可是，凭着我的聪慧，不多久，我便获得了自由。甚至，我还和国王成了朋友。让人啼笑皆非的是，就是这样一个小的小人国，他们也有敌人。谁让我是国王的朋友呢？最后，我利用"巨人"的优势，不费吹灰之力，就把敌人的战舰给全部截获，让小人国不战而胜。

造访大人国，也纯属偶然。其实，还是因为航海和风暴。不过，是另一次远航。船迷失方向，我们在大海上随波逐流。三个月快过去，我们淡水眼看补给不上，突然发现一块陆地。我和伙伴们迫不及待登岸寻找淡水。结果，淡水没有找到，我的伙伴们弃我而逃。就在这个时候，我邂逅了巨人。原来，这是他们的国土——大人国。怎样的大人国呢？这么说吧：他们的青草长达20英尺，麦子至少40英尺高，麦地栅栏门的一个台阶就6英尺高，而门槛石则高达20英尺，我爬都爬不过去。至于这里的巨人，说话声音像打雷，随手拿把镰刀就有我们用的长柄镰刀的6倍长。当他们把我用食指和拇指轻轻夹起放在眼前端详之时，如果我不经意从他们手指间滑落，那就意味着我要从60英尺高的高空摔下来。毋庸置疑，在他们看来，我完全是个小不点。最先发现我的农夫成了我的主人。实不相瞒，他的女人就给我命名"格立维尔"。你猜的对，就是"侏儒"的意思。主人看出我"迷你"造型背后潜藏的商机，居然带着我周游全国到处展览。庆幸的是，最后我被皇后相中，她以1000金币为我赎了身，我从此成了自由之人。余下的生活，你可以想象。是的，我又一次忘情享受了皇宫的美好生活，甚至有的乐不思蜀。

唉，真是大千世界，无奇不有。不要说你没有经历，即便我曾经真切体验，如今想起，也是心有余悸，恍如隔梦。好在，经历便是一笔财富。要不，今天我哪有这么多写游记的资本啊。

吹牛大王历险记

【德】拉斯伯 毕尔格 | 著，谭旭东 | 译

这是关于一个名叫敏豪生男爵的故事。

他很健谈。尤其是酒足饭饱的时候，他就忍不住打开自己的话匣子。说些什么呢？无外乎都是他的那些个往事。那时候，他还很年轻，身强力壮，力大过人。当然，这都是他自己说的。他还总是说他的故事可以一口气讲上三天三夜，管保人听得目瞪口呆。显然，这话说得有点过了。听众中就有人当面嘲笑他，说他是个吹牛大王。可是，我们这位可爱的男爵并不介意。确切说来，是他根本不理睬他们。

他只说他的故事，并且一直心平气和地讲，讲他怎样攀着豆藤爬到月亮上去，讲他怎样和三条腿的人们一起生活，讲他怎样被一条大鱼吞到肚子里去，讲他如何用眼睛冒出的火星打野鸭，讲他又如何骑着炮弹在空中飞行……

说到用眼睛里冒出的火星打野鸭，可是有来头的：一天早晨，敏豪生男爵走近窗口的时候，他发现池塘里有一群野鸭。于是，他连忙去屋里取了火枪便往外跑。到底是匆忙了些。结果，一个不小心，头撞在门框上，撞得眼冒金星。但时间宝贵，他不敢耽误，继续向前跑。好不容易跑到池塘边。野鸭还在。瞄准，射击——天，枪里居然没有打火石。原来，之前的猛烈一撞撞掉了枪栓上的打火石。怎么办？回去再取，怕

是野鸭会飞走了。他垂头丧气放下猎枪，气急败坏。怎么办呢？一着急，他竟然急中生智：门框上一撞，不是撞得眼冒金星么？那眼睛里突然冒出来的玩意儿应该管用的。于是，他重又端起猎枪瞄准野鸭，而另一只手紧紧攥成拳头，然后手里一发力，猛地砸向自己的一只眼睛。结果不出所料，眼睛里顿时火星四溅。之后，他就用这火星点燃了火药——枪声响了！这一枪，竟打了五对野鸭、四只红颈鸟和三只水鸡。

他曾像炮弹似的飞出去。那天，他在伦敦的郊外散步。因为累，他想寻个地方躺下歇一歇。可是，找遍周围所有的地方，居然没有一棵大树可以乘凉。好在，不远处还有一门旧炮摆在那儿。炮筒里又宽敞又阴凉，他毫不犹豫钻了进去。这一天是举国欢庆战胜西班牙的日子，大炮是装满了炮弹只等中午时分开炮庆祝的。可是，我们可爱的敏豪生男爵对此全然不知，只顾乐滋滋在炮筒里做着美梦呢。结果，"轰"的一声，他飞了出去，像颗炮弹似的。更不可思议的是，最后他飞过泰晤士河，不偏不倚地落在一个地主家的草垛上。他在草垛上昏睡了三个月。之后等他从顶上下来的时候，竟然恰巧压断了没良心的地主的脖子……

诸如此类的故事，简直不胜枚举。休要说这些都是胡说八道。注意，他可是这世界顶诚实的人。你不信？读了你就知道啦。

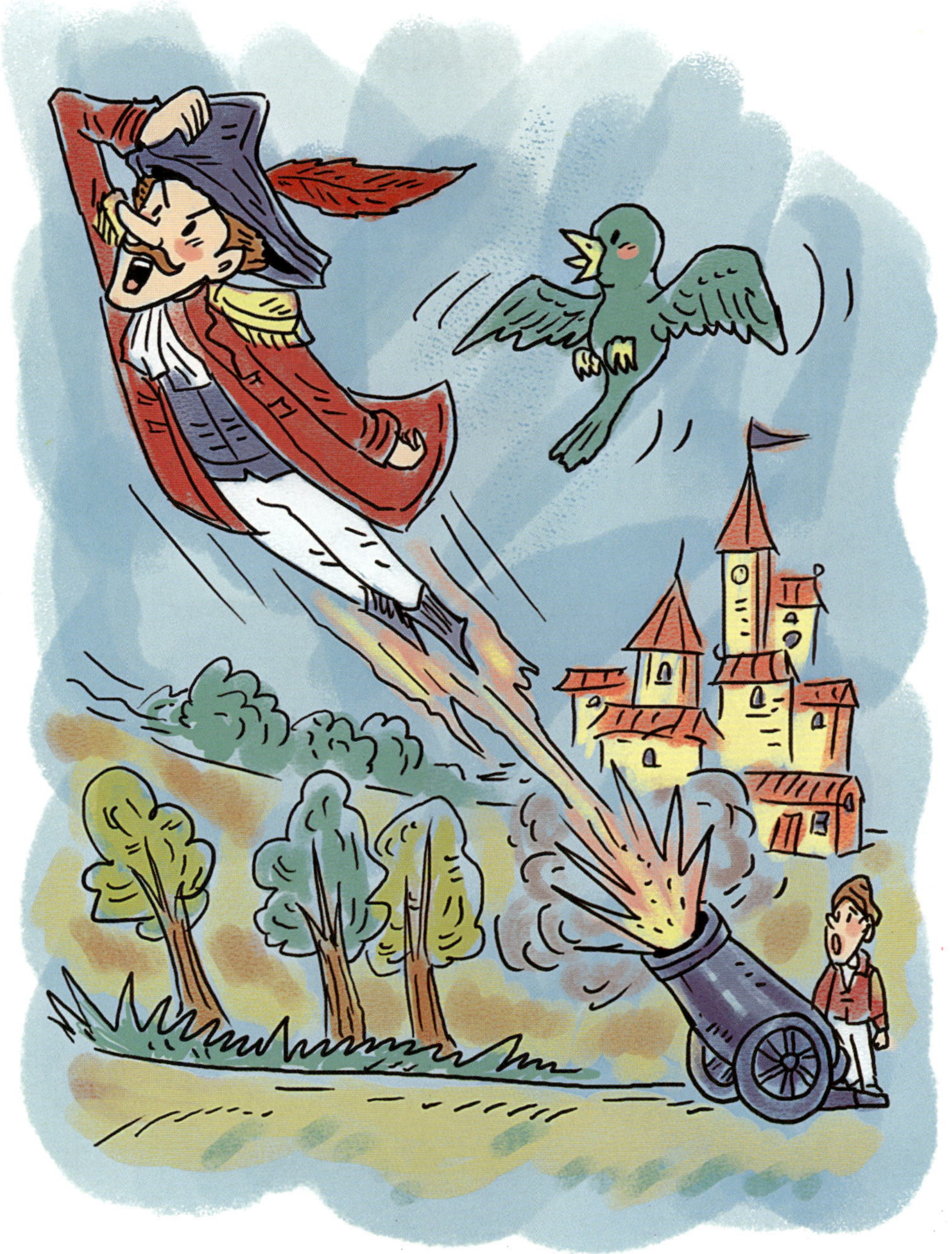

柳林风声

【英】肯尼斯·格雷厄姆 | 著，李永毅 | 译

柳树林里能有些什么？风声？哦，不。风声是自然的，可是绝不仅仅是这些。还有很多很多。譬如河鼠，鼹鼠，癞蛤蟆，还有獾等性格各异的小动物，以及他们彼此之间演绎的许多很好玩很动人的故事。

例如癞蛤蟆的故事。

癞蛤蟆单纯，温和，仗义，但爱穿奇装异服，自负爱吹牛，对什么事都是三分钟热度。他一度迷恋帆船，但不久又痴迷上汽车。一个人喜欢什么，本无可厚非。即便他任意挥霍他父亲给他留下的丰厚遗产，整天游手好闲，过着骄奢的生活，拥有全世界最豪华漂亮的房子，也没有什么大不了。但问题是，他总是不切实际，有时痴迷上一个东西或一件事情会达到完全忘我的程度。一次从咖啡厅出来，他路过停车场，看见心仪已久的那辆轿车。鬼使神差，他居然就悄悄地靠近，然后打开车门，坐上驾驶位，握住方向盘，接着双脚踩上了油门……结果可想而知，他因偷车、飙车和冲撞警察，被判十九年监禁。

好在，他还有一帮子好朋友，河鼠、鼹鼠和水獭等等。尤其是住在树林中心的獾。鉴于癞蛤蟆终日无所事事四处挥霍的生活，他曾率领河鼠、鼹鼠整治过他。虽然之后癞蛤蟆欺骗了朋友们，畏"罪"潜逃，但丝毫没有影响他们之间的友情。非但如此，甚至在癞蛤蟆被监禁期间，

他不仅一直在为癞蛤蟆辩护，还一直带领河鼠、鼹鼠暗中守护着癞蛤蟆的家产。尽管之后蛤蟆公寓被一群白鼬和黄鼠狼等流氓无赖占领，但他却丝毫没有懈怠，仍旧和河鼠、鼹鼠日夜暗中监视和巡逻，不断计划思考筹划如何帮助癞蛤蟆夺回产业，不惜风餐露宿，睡也睡不安稳。在癞蛤蟆的产业被夺回的战斗中，冲在最前面就是他，獾。

经历了太多的过去，癞蛤蟆幡然醒悟，痛改前非，洗心革面。于是，柳树林里，又重新恢复往日一片祥和的景象。

一百条裙子

【美】埃莉诺·埃斯特斯 | 著，【美】路易斯·斯洛博德金 | 绘
袁颖 | 译

一百条裙子？是的，一百条裙子。

旺达·佩特罗斯基，一个住在靠近波金斯山山顶有着一个很奇怪名字的波兰女孩。波金斯山并不是个什么适合居住的地方。虽然盛夏时节，这儿也曾有过一条长满绿色和野花的让人流连忘返的小路，但却是昙花一现，转瞬便成为过去。尤其是到了冬季，了无生趣，荒凉寂寥，寒气逼人。而旺达，便住在这山顶的一圈破房子中间。

她是一户穷人家的孩子。她没有妈妈，所以她得自己洗衣服、熨衣服。她只有一件裙子，所以她总是半夜里把它洗干净，然后熨干。有时候因为天气的缘故，到了早上上学的时候，裙子还没有干。裙子虽旧，旺达没有什么朋友。无论上学还是回家，她都独来独往。她的座位在十三班最靠里一排倒数第二个位置，在一群成绩差且举止又粗鲁的男孩子中间。但她其实并不爱叫爱闹，相反总是那么安静，几乎从不说话，甚至没人听见她大声笑过。她之所以处在那些顽皮淘气的男孩子们中间，也许只是老师看到她每次来上学的时候总穿着一双弄得满是泥巴的鞋子。

几乎没有人关注过她的存在。所以，有一天她没有到校，大家都不知道。第二天她还是没有到校，除了老师和她后排的大个子男生，还是没有人知道。直到第三天早上，佩琪和玛蒂埃在路上突然想起来要捉弄一下她的时候，才发现似乎有些不对劲。因为她们半道上等了好半天，也没有等到旺达。而说到捉弄，则正与一百条裙子相关。

那还是十月份的事。那天，天气晴朗，阳光明媚，女孩子们穿着各色鲜艳的衣裳走在人群之中。她们边走边叫边闹，每个人都试图用比别人更高的嗓门说话。其实，说来说去，也不过是说谁的衣服别致、谁的裙子好看。就在这个时候，旺达小心翼翼地加入了她们。当大家争先恐后都夸赞塞西莉的新裙子可爱漂亮的时候，旺达突然说话："我有一百条裙子。"女孩们惊呆了，于是一个问题接着一个问题冒出来。譬如"它们在哪儿""你不穿着来上学吗""你为什么不穿着上学呢"。问到旺达沉默，然后只能刻板地重复着前面的应答："我有一百条裙子，它们全都挂在我的衣柜里。"于是，女孩子们放肆地大笑起来，然后说三道四，最后尖叫着哄笑着一起跑开，只把旺达和她的"一百条裙子"抛在后面。而自此，一百条裙子的故事便没完没了。每一次，似乎都是由佩琪以特别谦和的语调挑起，让旺达说说她的一百条裙子的事。她们甚至会帮着旺达回答那些裙子"全都是丝绸的""还有天鹅绒的"，并继而提到帽子、外套或是鞋什么的。再就是，在她还没有走远的时候，她们就情不自禁爆发出刺耳的笑声，一直笑到眼泪出来为止。

没有谁记得这样的恶作剧已经发生过多少起。即便是一直参与其中的玛蒂埃，也记不清。尽管玛蒂埃觉得佩琪这样的举动有些欠妥，但她没有勇气站出来向任何人说一个"不"字。尤其是向佩琪。因为她的处境并不比旺达优越多少，她也是一个穷孩子，她身上正穿着的那条裙子就是佩琪的一条旧裙子。

　　旺达没有等来，却等来了旺达与哥哥分别获得绘画比赛女子组和男子组冠军的消息和旺达父亲的一封来信。信中说，旺达不会再到这个学校来上学了，杰克也是，他们要搬到一个大城市去，这样就再也不会有人叫他们"波兰佬"，或说他们"怎么会有这么好笑的名字"了。而让所有同学都大跌眼镜的是，旺达的获奖作品正是她"挂在衣柜里"的"一百条裙子"。她的每一幅作品都与众不同，并且全都美丽至极。评委们评议的结果，旺达"一百条裙子"中的任何一幅都可以赢得大奖。

　　遗憾的是，旺达并不知道她"一百条裙子"获奖的事。她没有再在大家的视野中出现。佩琪和玛蒂埃去她住的房子中去找她，也是音信全无。可是，圣诞晚会结束后，佩琪和玛蒂埃却从老师那儿收到了意外的礼物：她们各从那"一百条裙子"当中领到了一条属于自己的"裙子"，旺达给她们的。这两张画上画的，正是她们自己。

e班e女孩

张弘 | 著

　　e班，其实是"橘子皮小学"的六年级二班。可是，孩子们都喜欢称自己班为"e班"。这不仅因为他们是该校的电脑重点实验班，更重要的是这里的孩子们个个喜欢电脑和互联网。至于e女孩，自然是e班电脑水平最高的女孩啦。事实上，"e女孩"的称呼，最先还得追溯到某一日《新民晚报》上刊登的一条特别消息：幻想中国网将评选e少年，只要是小学三年级到初中三年级的，喜欢网络、了解网络的少年朋友都可以报名参加。网络女孩"长发飘飘"恰巧看到了，她比照了一下，觉得这正是为她量身定做的，便毅然决然地报名参加。于是，e女孩诸贺和她的同学的故事从此正式拉开序幕：爱的不是汉堡包，好诗赛过奔腾芯，整天乐的电子包裹，狐朋狗友一箩筐，网上行必有我师，地球上的洞，和网事干杯，网路英雄大聚会，白脸裁判VS绿茵黑客，好事坏事e币勾销，芝麻芝麻开门吧……评选层层设卡，一关难似一关。诸贺冲击e女孩成功了吗？看仔细了，都"芝麻芝麻开门"了，岂有不成功之理？

　　有趣的故事精彩纷呈，可爱的人物个个跃然纸上。譬如e女孩诸贺，她的口头禅是"YYP"。你问这是什么意思？她却说：就不告诉你，就不告诉你！譬如e女孩同桌王美丽，则是炒菜不能少的盐，种花

不可缺的水——有时候你觉得她太啰唆，可是她若是生起气来一整天不和你说话，唉……还有那个神秘的"不明飞行物"、好"酷"的徐冰冰和大头班长张习习……真是说也说不完，道也道不尽。有机会，还是自己去细细欣赏吧。

你问这本书会给你带去什么？稍加思索，便可归纳如下三点收益：一、让你零距离接触新世纪网络时代的真实校园生活；二、也许一不小心，你也会成为e女孩或是e男孩；三、正为写作犯愁的你，一定会读着读着，突然拍案而起：原来也可以这么写的啊！心动了么？e女孩诸贺可是携着全班同学正等着你哟。

感悟父爱——
震撼心灵的101个真情故事

邓军清 | 主编

　　说到伟大的爱，总不免让人想起母爱。殊不知，父爱也是伟大的。著名作家高尔基说："父爱是一部震撼心灵的巨著，读懂了它，你也就读懂了整个人生！"《感悟父爱——震撼心灵的101个真情故事》讲述的正是平凡点滴生活中伟大父爱的真实存在。

　　父亲来信了，可是，他看也没看，就和前几次一样将信塞进了抽屉。原来，父亲不识字，每次写信都是让邻居那个只上了三年小学就回家放羊的二狗写的。二狗识字不多，所以每次来信都是大同小异。说来说去，无非都是些让他好好工作，注意身体，不要记挂家里之类的话。看得多了，他腻了，就懒得再看。他最终决定不再看，也不再回，是在父亲第三封来信之后。那一次，信的末尾有一行字被划去。可是他却辨认了出来："我知道你手头紧，爹也过得紧巴巴。"他以为，爹是要向他伸手要钱。他觉得爹不该。他生气了。于是，他想出个绝妙的法子：不看，不回。这样，眼不见心就不烦了。日子一天天过去，直到有一天爹将信写给了他的同事，托他的同事打听他的消息，他才忍无可忍，打开从前所不曾看过的信。第一封启开，一张五元的纸币掉出来。再看

信，末尾清楚地写着："我儿，我知道你手头紧，爹也过得紧巴巴，所以别怪爹邮的钱少。"他愣了，发疯似的启开抽屉里所有未曾开启的信。结果，每一封信里都夹着一张五元的纸币，每一封信的末尾都写着那样一句话……

过年了，他从乡下接了父亲与妹妹来城里过春节。房间不足，于是，他决定让妹妹与妻子同睡，自己与父亲共睡一张床。晚上，父子俩促膝长谈，直至入夜才上床睡觉。他没有马上睡去，而是一直强打精神坚持到深夜，直到确认父亲已然睡去，才沉沉睡去——他记得妻子曾屡屡抱怨他总是睡觉时鼾声震天的话——他怕自己先睡着了，然后会扰着父亲无法入眠。第二天早晨，父亲早早起了床，一副精神抖擞的样子。可是，早饭后，大家一起出去，父亲却说不想去，独自留在了家里。出了家门，他忽然想起忘了办公室的钥匙，便折回家去取。让他吃惊的是，一进家门，他便听见卧室里父亲如雷的鼾声。那一刻，他不禁潸然泪下。因为他突然想起来，父亲也是有睡觉打鼾的习惯的，母亲当年也是常常抱怨父亲扰得她总是无法入睡的……

编者说："手捧此书，静静阅读5分钟，再坚强的汉子也会落泪……"读者则说："每一个深爱父亲的人都应该阅读这本书，它会告诉你如何去爱自己的父亲，如何做好一个父亲。"一本能够让你读懂父亲的书，你还等什么呢？

感悟母爱——
震撼心灵的118个真情故事

邓军清 | 主编

伟大作家高尔基说："母亲是一部震撼心灵的巨著，读懂了它，你也就读懂了整个人生！"

《感悟母爱》便是一部歌颂母亲的书。从前至后，编者紧紧围绕"有一种爱让我们心痛""只有你会欣赏我""雪落无痕，真爱无声""五月的康乃馨""爱不必羞于启齿""母亲永远与我同在"六个主题，向读者展示了118个真情故事。尽管故事内容和表达形式各有不同，却无一例外，篇篇震撼心灵。

如《疯娘》：娘是个疯子，疯疯癫癫的事没少做。可是，却不曾伤害过我一次。儿时，我与娘的交流以"吼"为主，不是娘吼我，而是我吼娘，娘却绝不敢顶嘴；奶奶因为我对娘的大不敬，曾举起巴掌要教训我，娘却横在我的面前，嗷嗷地指着她自己的头："打我，打我"；一次，同学欺负我，娘见了，毫不犹豫将他丢进了水塘……高中时我住校，娘一直坚持为我送菜。20公里的羊肠山路，她从来都是风雨无阻。可是，娘却因此离开了人世——一次她带给我十几个野桃，我说甜，她回去的路上便再次攀上山崖采摘，结果，一不小心坠入山谷……

如《母爱震天》：地震后，许多房子都倒塌了。两天之后，救援人员在一个缝隙处看到了一幕难以置信的画面———一位年轻的母亲，两手撑地，背上顶着不知有多重的石块；一看到救援人员，她便拼命哭喊："快点救救我的女儿，我已经撑了两天……"她七岁的小女儿就躺在她用手撑起的安全空间里。因为石块很多很重，救援行动从白天进行到了黑夜。辛苦的母亲，就那样一直苦苦支撑着，直到她的孩子被救援人员拉出去。其时，母亲并不知道，被拉出来的小女孩早已气绝多时……

再如《超越生命的爱》：唐山大地震中，一对母子被深深地压在废墟之下，母亲半个身子被混凝土板卡着不能动弹，七八个月大的婴孩却在她的身下安然无恙。地震几天之后，救援人员发现了他们：母亲刚刚咽下最后一口气，而那婴孩的口中还含着母亲的食指——原来，母亲在乳汁被吸干之后，拼力咬断自己的指头，一直用鲜血延续着孩子的生命……

《感悟母爱》的精彩，在于它能唤起你的爱母之心，并告知你如何好好爱你的母亲。正如有读者所说："长这么大都没看过如此感人的书。从第一页到最后一页，我一口气读下来，仿佛时间都停顿了。一次次，我情不自禁地泪流满面，内心被一阵阵暖流所融化。"读一读吧！相信每一次捧起，都将让你和你的母亲走得更近一些。

女儿的故事

梅子涵 | 著

谁的女儿？女儿是谁？既然名为"故事"，那意思是不是告诉读者，这些文字完全是凭空杜撰出来的呢……才看到封面，你便可能产生诸如此类的许多疑问。这样很好，是个准备用心读书的样子。古语有云："为学患无疑，疑则有进，小疑则小进，大疑则大进。"而这本书，正是这样读的。

说是故事，其实这是一本小说。可是，里面文字反映的，却是有关他女儿梅思繁的实实在在的真实生活，从幼儿园到初中二年级，点点滴滴。这是一本很好玩的小说。你一打开就会笑起来，嘻嘻哈哈笑到合上。可是合上了弄不好还会笑，因为你停不下来，书是合上了，但脑子还在书里面，还在继续想着里面的好玩的有趣的故事。奇怪的是，这里面没有一个完整的故事。因为作者认为，完整的故事是编出来的，真实的故事都不完整。真实的故事还来不及写，编干吗？

这是书中的一段对话，父女的对话——"爸爸，你刚才买东西的时候，那个营业员对你爱理不理。""我置若罔闻。""你是无可奈何。""我宽宏大量。""你明明是束手无策。""你信口雌黄。""我击中要害，弹无虚发。""你差之毫厘，失之千里！""我势如破竹，势不可挡！""我们是不是暂时偃旗息鼓，鸣金收兵，现在

要穿马路了，当心汽车！""我不获全胜决不收兵，除非你甘拜下风，逃之夭夭！""你别急，我现在只不过是以守为攻，养精蓄锐，等穿过马路就会卷土重来，打你个措手不及，当心，汽车！""我壮志未酬，奉陪到底，打你片甲不留！"……

"感觉生活真好！"这该是你读罢全书后的第一感叹！不信，你试试看。

我的故事讲给你听

梅子涵 | 著

梅子涵？乍一看，眼睛是不是一亮？那就对了！他就是那本极为幽默的小说《女儿的故事》的作者，那个会讲故事、个子不高、头发早已斑白，却两眼仍旧熠熠生辉的白胡子老头。他书读得多，爱清洁，最重要的是，不服老，所以每天一大早，他就把胡子剃得干干净净。

那么，"我的故事讲给你听"，是说他要介绍他自己的故事吗？不然。对此，编者有题为"关于这本书"的专门介绍："写这部小说的作家叫梅子涵。他模仿自己女儿的口气讲故事给你听。故事讲得真是好，让你读了一直想笑。读了这本书，你一定会说，哈，这些故事我也有！——对，这正是一些每个人都有的故事。"

"故事讲得真好，让你读了一直想笑"，有那么神吗？俗话说："耳听为虚，眼见为实。"不着急，这就来上两段让你先睹为快：

"我很小很小的时候，大概是刚刚生出来才四五天吧，从医院回到家，晚上睡觉，一会儿小便出了，一会儿又小便出了，一小便出我就会哭，呜哇——呜哇——地哭，我一哭，我爸爸就爬起来，为我换尿布。一刻钟一次，半小时一次……我爸爸一骨碌爬起来，一骨碌爬起来，我爸爸就昏头昏脑恐怖地想，啊呀，完了，这日子怎么过啊！我妈妈睡在那儿没有一骨碌爬起来，我妈妈想，你辛苦了，亲爱的梅子涵同志，不过你慢慢就会适应的。——'亲爱的梅子涵同志'这一句话是我发挥出来的，我妈妈当时可能没有这样想。"

"我爸爸说，我弄不懂，你扫地为什么不能一直从里面扫出来，而是一会儿从外往里扫，一会儿从里往外扫，东一堆，西一堆？我妈妈就说，那么你来扫啊！我妈妈这个人在这种事情上往往不谦虚，强词夺理，我爸爸很聪明，他才不会说，那好，我来扫我来扫！如果每回他都说，那好，我来扫，那好，我来做，那么每回都正中我妈妈的下怀了。他才不会让你正中下怀呢！他只是说，啊，我明白了，你为什么一会儿从外往里扫，一会儿从里往外扫，东一堆，西一堆，这就叫声东击西，各个击破，分而治之，让敌人无处可逃！我妈妈只好说，逃你个死掉。"

感觉怎么样？是不是读着读着，就要忍俊不禁笑出声来？这是梅子涵的作品。老先生写作素以风趣幽默见长。要不，这一部作品又怎么会一不小心，又成为"中国幽默儿童文学创作丛书"中的重要一员呢？

警察游戏

梅子涵 | 著

一定玩过警察抓小偷的游戏吧？警察是可以游戏的吗？可以的。至少，在汪小中来看是这样。

汪小中是警察。你问这是什么时候的事？真的难以说清楚。不过，可以肯定是上幼儿园以前的事。上幼儿园的时候，老师总要在门口检查小朋友们有没有带手帕。到汪小中这儿，他便从口袋里掏出一张卡片，然后"啪"的一下举到老师面前："我是警察！"不久，所有的老师都知道他们这个幼儿园有一个"警察"。

警察是不能没有枪的。遗憾的是，幼儿园没有。没办法，汪小中就自己带了一把来。检查手帕的老师问："你怎么把枪带到幼儿园来了？"他说："我是警察！"检查手帕的老师这才想起他是警察。这样，他就可以在幼儿园里击毙坏人了。其实，哪里有什么坏人。一切所谓"坏人"，都只是他个人看法罢了。教室里是不许随便开枪的。老师说了，教室里的坏人就是破坏小朋友上课的人。汪小中自然不会破坏小朋友上课。于是，他只好到草地上伏击坏人。一经发现，立即扣动扳机，"啪！""啪啪啪！"——没劲的是，这些声响都是他嘴巴弄出来的。

他还常常跑到"坏人"面前说："我是警察，请你不要反抗！"

可是，谁会听他的呢？即便他有枪，可谁都知道，那是假的，一把玩具枪而已。所以，尽管他射击，也没有谁肯倒下。有时候弄不好，还要被"坏人"掀翻在地。这是一种十分恼火的事。可是，有什么办法呢？只好装成挂了彩的模样。于是，他将手帕当绷带，左一道右一道缠在身上……

上小学了，他又用硬纸板做了副手铐挂在腰里。可是，根本派不上用场。因为大家都知道那是假的。倒是马儿帅有时候愿意被他的手铐铐住。不过，条件是他得当义士、大侠，而且还要求以汪小中放学买给他两串炸肉串作为代价。汪小中气得用枪向他射击，可有什么用，马大侠仍旧昂首挺胸，根本不倒下……

中学是一个很没有意思的地方。至少，汪小中不能像从前那样幼稚地腰插一把假枪，还挂着一副假手铐了。他得假装成熟起来。可是，关了房门，他还是没有忘记自己是警察……

怎么样，是不是看到了你我童年时代的影子？——故事不断，精彩无限，等着你来欣赏哟。

晚安，老爸

梅子涵 | 主编

　　这是一本集子，一本关于爱的集子。在编者看来，爱是一个意思最丰富的词儿，几乎和世间任何事都有关系。对，你没有听错，就是任何事情。

　　雅克每天晚上睡觉之前，爸爸都要给他讲故事。那本厚厚的故事书中，雅克最喜欢的那一个故事，他总是不厌其烦地让爸爸讲给他听。爸爸觉得不可思议，甚至有抱怨。但可爱的爸爸最后还是每个晚上都会讲，直到雅克进入梦乡。可是今天，雅克要给爸爸一个惊喜：他上学了，会认字了，他决定给爸爸讲故事。说实话，这着实让爸爸吓得不轻。然而，意外归意外，爸爸还是老老实实按儿子的吩咐，躺在儿子的床上，就像从前每个晚上儿子躺在床上静静地听他讲故事一样。雅克当然没有爸爸读得那么流利，但是他读得很有耐心，一字一字。雅克读得很专心，以至于故事读完了，他才发现爸爸已经睡熟了。雅克想，也许平常自己也是这个样子。于是，他小心翼翼地站起来，然后去帮爸爸把被子盖好，在爸爸的脸颊上轻轻地吻了一下："好好睡吧，老爸！"说完，他悄悄地离开了房间……

　　小弗朗茨上学迟到了。但出乎意料，这一天哈迈尔先生并没有生气，而是很和颜悦色地提醒他快快回到自己的座位上，因为就等他来开

始讲课了。惊恐未定的小弗朗茨注意到，先生今天换上了只在重要日子才穿的绿色礼服。尤其让他惊奇的是，教室尽头平日空着的条凳上今天坐满了人。都是本村的人，有退职的邮差，卸任的村长，还有一些别的人，都是愁容满面，一声不响。果然是出事情了，原来这是孩子们要上的最后一堂法文课，德国人打过来了，从明天开始就只能学德文了。虽然先生话说不多，但小弗朗茨一下子心慌意乱起来。他恨自己，恨自己常常缺课去掏鸟窝，甚至去沙亚河滑冰。果然，哈迈尔先生提问分词规则的时候，小弗朗茨只能背出头几个字，然后就什么也想不起来了。先生没有训斥他，只是说大家总说明天再学吧，可不幸的是再没有明天了。这一天，课堂上除了笔尖在划过的声音，再没有任何别的声音……

　　如果你不亲见，也许你不会相信有人会因为一片叶子而获得了重生；如果你不亲见，也许你不会相信仅仅因为一个有魔力的字，一个小男孩的整个生命便发生了巨大的转折；如果你不亲见，也许你不会相信一个灯塔的守护者因为只顾着点亮暴风雨夜的灯塔而丢了自己的性命……然而，这一切都是真的。所以，一边读，你也许一边情不自禁就发出慨叹：这世界所以变暖，也许是因为有爱吧。

动物神勇故事

沈石溪 | 著

三月的一个早晨，在众天鹅翩然北归之后，一个荒岛上竟然还滞留着一对白天鹅。原来，雄天鹅的左翅膀受伤了，而雌天鹅就因此也留了下来。雄天鹅曾试着扑腾翅膀，然而，无论他怎样努力，至多也就是在原地打转。雌天鹅虽然能飞，可是她舍不得雄天鹅。可是，这样继续下去，耽误了北归的时间，不仅不能繁殖后代，还极有可能殃及自己的性命。去也不是，留也不是，难煞了雌天鹅。雄天鹅推搡雌天鹅，他希望她快快飞去。也许是因为雄天鹅的坚持吧，雌天鹅真的飞走了。可是，就在她振翅高飞，眼看背影就要消失的时候，她又折转了身子飞了回来。雄天鹅无计可施，索性一个猛子扎进水底。殊不知，雌天鹅落下的时候正冲向一棵黑心树。结果，她成功折断了自己的左翅膀。可是，不幸的是，雄天鹅却永远闭上了眼睛。

春天，作为头马，老马威尼又领着马帮驮着一批货物奔赴缅甸。中途翻越嘎农山。这是一座喀斯特地貌的石山，悬崖峭壁间凿出一条宽仅一公尺、长约五百公尺的羊肠小道。小道的左边是百丈深渊，右边是笔陡的绝壁，可说是"鬼见愁"。骡子们战战兢兢，老马威尼却是神态安详，不疾不徐，一直挺身在前。只差几步就要跨出"鬼见愁"了，突然路口草丛中惊现一只拦路虎。老马威尼欲要高声嘶鸣，可是帮头勒紧

它的辔绳，强迫它将嘶鸣声咽了下去。退无可退，转身处便是悬崖。枪也使不得，一旦枪响，骡子受惊，更是后果不堪设想。老马威尼扭着脖子，踢蹬前腿，它曾竭力尝试转身后退。可是，帮头死死地搂住了它的脖子。帮头抚着它的背，还有胸：我的威尼，我的好威尼，现在只有你能拯救整个马帮了。说也奇怪，老马威尼竟然慢慢安静下来，然后迈步向前。它小跑着，没有嘶鸣，没有拐弯，只是从容不迫，且一直向着路口的那丛茅草，头也不回。马帮平安通过了"鬼见愁"。走下山沟的时候时，远处传来虎的啸叫、马的悲鸣。

也许你会流泪。而诸如此类的感人故事，这本书中还有很多。譬如《最后一头战象》《第七条猎狗》和《舞蛇》等等，故事不论长短，无一例外，皆源自"中国动物小说之王"沈石溪真实的写实生活。所以，如果你想走进自然，与动物们走得近些再近些，这一本书该是你最好的选择。

动物智慧故事

沈石溪 | 著

　　有人说：最精彩的故事发生在最神秘的地方，最有趣的故事发生在最不可思议的动物身上。不知道你信不信。反正，我信了。因为回顾过往生活种种，我有太多离奇的经历与动物相关。

　　一个黄昏，我提着鸡，独自踏着落日的余晖沿着布满野兽足迹的古河道回寨子。拐过一道弯，突然前面十几步远的一块乱石滩上出现一只垂死挣扎的成年公狐。成年公狐口吐白沫，绒毛怒张，肩胛抽搐，看上去似乎中了毒。我看见它的时候，它也看见了我。它惊慌想逃，可是才站起身来，又摔倒在地。我惊喜不已。我想，到手的便宜不捡白不捡。于是，激动不已的我，匆匆将鸡搁在身旁一棵树下，便解开裤带绾成圈向那只还在苟延残喘的狐狸走去。哪里想到，才走近了准备下套，那只公狐狸竟然"活"了过来，然后一溜烟从我眼皮下窜了出去。再回看树下我才放下的那只鸡，竟然不知什么时候已然叼在一只黑耳朵母狐的嘴里。而就在我一愣神，茫然不知所措的时候，公狐和母狐已在河道的对岸汇合，眨眼间消失得无影无踪。

　　我在菜园后面挖了个椭圆形的小鱼池，准备繁殖鱼苗，好养家糊口。买回三条草鱼，皆在七八斤重，准备放进池子里。没想到，鱼有据地为王的意识。这不，红鳃盖和黄嘴壳一起放进鱼塘，他们快速地游了

一圈之后，像事先商量好了似的，竟然各据半边，俨然在鱼池中央画了一条无形的楚河汉界。而且，还气势汹汹在水面的中央互相对峙着。等到第三条白尾巴放进去的时候，两条先入为主的鱼居然群而攻之，你追我赶，让白尾巴逃无可逃。不过，一来二去，白尾巴似乎摸着门道。这不，在折腾了二三十个来回之后，它索性在鱼池的中央水线位置上停了下来。但没有想到的是，红鳃盖和黄嘴壳仍旧不肯罢休，从两面同时向白尾巴发起攻击。于是，有趣的事儿发生：白尾巴居然翻转身子，露出雪白的肚皮，加上那条白尾巴。给人感觉，像极了"举白旗"。它任凭另两条鱼儿啄来咬去，就是一动不动。最后，红鳃盖和黄嘴壳选择放弃。该说白尾巴是柔弱怯懦的吧。出乎意料的是，战争到最后，它却是鱼池里仅存的胜利者。

这便是《再被狐狸骗一次》和《善举白旗的鱼》。此外，更有让人大跌眼镜的《会贸易的狐》《野猪跳板》《和乌鸦做邻居》等等。正所谓"不看不知道，一看吓一跳"，"中国动物小说之王"沈石溪，在继《动物神勇故事》之后，再次冲击你的视觉享受，你可千万不要错过。

动物亲情故事

沈石溪 | 著

提起"亲情"，我们总以为这是人类的专利。殊不知，动物之间也有同样宝贵，甚至较之于人类还要美好的血浓于水的情愫。并非我信口雌黄，实乃亲身经历多矣。

那是夏天一个晴朗的午后，我去山上采蘑菇。在一片野竹林前，我突然发现前面五十多公尺的一丛野金竹下立着一头年轻的母鹿。它惊慌地望着我，一副急欲逃窜的姿势。我没有任何狩猎的工具，于是径直走过去。我并不指望能逮着它。果不其然，在我离它约二十公尺的时候，它"嗖"的一声跳出一丈多远。我继续走我的路。可让人惊讶的是，眼见我就要钻进竹林，它竟然又跳回它原来的位置，用戒备的眼神死死盯着我看。我有些生气。玩捉迷藏么？于是，捡起一根碗口粗的木棍，我便快步朝它赶去。出乎意料的事情再次发生：它竟然没有逃窜，而是面对面与我干了起来。毕竟是一头没有角的年轻母鹿。结果，没费多少力气，我便把它打得奄奄一息。然而，任凭我怎样努力，它就是衔着一根竹枝不肯倒下。我正纳闷，突然竹丛中豁地传来一声细微的叫声，然后它就倒了下去。倒下的瞬间，它的身后赫然出现一只刚刚生下不久的鹿崽子……

很偶然的事情：一次在追捕一只受伤的金猫时，误打误撞，我的老

式铜炮枪居然打下一只双角雄犀鸟。这种鸟，当地居民再熟悉不过。因为它是一种在西双版纳地域被称为神鸟的爱情鸟。我马上意识到问题的严重。因为按照双角犀鸟的育儿传统，这样一个仲春时节，雌鸟应该正在几乎密封的树洞里等着雄鸟带回食物呢。如果雄鸟死了，那将意味着雌鸟和正被孕育的雏儿都将先后离开这个世界。因为仅凭雌鸟的力量，根本无法由内而外破开它孵卵育雏的洞穴。为了尽可能弥补过失，我想尽一切办法去接近那个树洞。我尝试去给雌鸟喂食、喂水，仿着我所想象的雄犀鸟能做的那样。可是，自始至终，心有灵犀一般，雌犀鸟一直固执地拒绝。最后，我实在没有办法可想，只好帮它凿开了那个树洞。然而，那只雌鸟还是不肯离开树洞半步……

　　读着读着，是不是有一种鼻子发酸的感觉？诸如此般的故事，其实书中还有十多个。譬如《羊奶妈和豹孤儿》，又如《保姆蟒》，再如《牛阵》等等。毋庸置疑，每一篇文字都将让你看到"亲情"的力量，让你读到自然的奥妙与伟大。

藏獒渡魂

沈石溪 | 著

你也许知道藏獒，也许并不知道。不过，没有关系，读过这本书之后，你便对它再也不会陌生。

藏獒是青藏高原特有的大型猛犬，敢只身与狼群周旋。两条藏獒如果联手，可以猎杀一只成年山豹。正因为如此，所以藏獒一直为世人青睐，在世界闻名的优秀猎狗之列，素有"东方神犬"之美誉。

在藏族地区，向来有藏獒渡魂的习俗。因为在藏族的传说里，藏獒是天上一位战神因嗜杀成性触犯天条而被贬到人间来的，所以在它满了七七四十九天之时，藏人常将其与一只还在吃奶的羊羔同栏圈养，以期羊的温柔娴静、平和顺从来柔和其暴戾残忍的性情，减弱其身上的浓重杀气。经过七七四十九天，如果藏獒与羊羔和睦相处，就算是渡魂成功，被称为家魂犬。渡魂成功的藏獒，既保留了勇猛强悍的秉性，又具备顺从忍耐的美德，常可调教成忠于职守的牧羊犬或是叱咤风云的狩猎犬。而渡魂失败的藏獒，则脾气暴躁，很难调教，不仅会伤害家畜，有的甚至会伤及豢养它的主人。

渡魂失败的藏獒，通常人们都避之唯恐不及。可是我，却由于长期在野外从事动物科考工作，出于安全考虑，与一只渡魂失败的藏獒偶然相识，并很快成为它的主人。因为较之于身价五千元的渡魂成功的藏

獒来说，渡魂失败的藏獒只需几十元便可买到。毕竟我囊中羞涩。更何况，我向来对藏獒渡魂的说法不以为然。

这只渡魂失败名叫曼晃的藏獒，在见到我之前，已经有过好几次渡魂失败、咬死过三头羊羔的经历。可是，它不愧为世界闻名的良种狗。事实上，它远比我想象的还要优秀。我喂了它两次食，它就认了我这个主人。在曼晃到来之前，野外观察站事故不断。可是，自从曼晃进驻，却是一直平安无事。此外，它还成为我野外工作的得力助手。它可以轻

松地帮我驱赶来一群野骆驼，供我近距离正面拍照。即便神出鬼没的滇金丝猴，它也能很快就发现它们的踪迹。勇敢是它最突出的特点。为了保护我，它甚至于只身斗过两头饿狼。然而，它毕竟是野魂犬。它惊吓过一对路过讨水喝的母女，只为她临别时候的一句咒语。它不顾我的阻挠，戏杀过一头小野猪，而只为好玩。可是，谁又能想到，就是这样一只桀骜不驯的猎狗，最终却因为一只柔弱的母崖羊，而在骁勇善战之外，多了一种家犬的顺从与沉稳，从而完成野性的驯化，真正成为人类的朋友……

很多的精彩与感动，三言两语并不能说得清楚。有机会，希望你能走进这本书，然后静静地阅读，细细地欣赏。相信你一定会有不一样的感触。

情豹布哈依

沈石溪 | 著

布哈依，是一只五岁龄的公豹。所谓"功夫不负有心豹"，在蚊蚋成团的树杈上苦苦守候了整整一夜，它终于捕猎到一只小黄麂。猎杀的方式，是它惯用的招式——从树干上居高临下朝目标扑击。布哈依已经饿得饥肠辘辘。布哈依很想立刻就撕开小黄麂的胸膛，然后尽情享受一番。但事实上，它只是想想而已。因为它要把小黄麂完整地带回白鹭崖下的大肚子洞，和它的妻子香格莉共同分享。香格莉临近分娩，需要营养滋补。身为丈夫，它责无旁贷。

与妻子香格莉的相识，是在四个月前的一个傍晚。那时，布哈依正走在一个山岬里，忽然就听到前面传来一阵豹吼虎啸。紧接着，它就看到一只额上饰有王字黑纹的孟加拉虎正追逐一只年轻的母豹。虎是豹的天敌。眼看着香格莉危在旦夕，布哈依来不及犹豫就冲了上去。结果，一场恶战之后，孟加拉虎落荒而逃。布哈依因此赢得香格莉的芳心。很快，它们就有了爱的结晶。

可是，事情却非布哈依预料得那样完美。当布哈依叼着小黄麂赶回白鹭崖大肚子洞的时候，它遭遇了一群愤怒的大象。它们将洞口围得严严实实，大有不将香格莉致以死地决不罢休的阵势。不得已，布哈依决定铤而走险。它只身前往母象和乳象的聚居地，然后残杀了两头乳象。

结果，如它预想的那样，公象们折了回来。它的妻子香格莉得救了。可是因为逃脱不及，它自己的一条豹尾永远送给了象群。更要命的是，由于腰眼部位脊椎骨被象蹄踩断，从此之后，它的下肢再也动弹不了。所以，你完全可以想象布哈依此后的处境。是的，它成了一只废豹，无法再狩猎，无法再觅食。甚至，它必须得完全依靠妻子香格莉的供养才能活下去。

小豹崽出世了。一个月后，一只小豹崽死了。饥饿和病痛折磨着布哈依一家。香格莉已经瘦骨嶙峋，三个豹崽也一直没有多少生气。当对面山梁传来第一声陌生公豹求偶的呼叫声时，布哈依做出一个决定：将那只公豹引进洞，它要让妻子招赘入婿。这是一个和死亡差不多的痛苦决定。可是，它毅然决然。为了让香格莉彻底绝望，一个晴天，布哈依趁着香格莉熟睡之际爬出了洞，径直奔向它最后的归宿——与大肚子洞相距不远的金竹坪。那里有一窝野猪。布哈依准备凭借它最后的气力与公野猪同归于尽。

布哈依死了。可是，死了的布哈依却如愿以偿：它杀死的公野猪，为香格莉留下了一顿丰盛的婚宴；而那不长獠牙的母野猪和四只小猪娃，则变成它为香格莉备下的活期储蓄……

斑羚飞渡

沈石溪 | 著

在猎狗的帮助下，一群斑羚被我们狩猎队逼到了戛洛山的伤心崖上。

伤心崖是戛洛山上的一大景观。一座山峰，像被一把利斧从中间劈开，从山底下的流沙河抬头往上看，宛如一线天，隔河对峙的两座山峰相距约有六米。可是，再健壮的斑羚纵身一跃也就不过五米。所以，按我们的经验来判断，斑羚到了伤心崖，便算是走上了绝路。毕竟后有追兵，前有天堑。果不其然，最初的情形的确如我们所料。斑羚群先是一片惊慌，然后是各自胡乱窜逃。可是，有什么用呢？后退的，猎狗纵身上前，将其迅速撕成碎片。腾空向前的，在离对面山峰还有一米多的空中挺一挺身，然后哀咩一声，流星似的笔直坠入谷底。

但出乎意料，只不过一会儿的工夫，斑羚群渐渐安静下来。所有斑羚的目光都集中到一只角似镰刀的公斑羚身上。这只公斑羚，高大，健壮。显然，它是一只头羊。镰刀头羊沿着悬崖巡视一圈，然后向着苍穹悲咩数声，似乎表示自己的无能为力。斑羚群又骚动起来。这时候，雨后的天空突然出现一道彩虹，一头连着伤心崖，一头连着对面的那座山峰，就像突然间驾起了一座美丽的天桥。豁地，镰刀头羊发出一声沉郁有力的吼叫。随着这一声叫，整个斑羚群竟然迅速分成两拨，老年斑羚

一拨，年轻斑羚一拨。镰刀头羊本来站在年轻斑羚那一拨，可是眼光流动处，发现老年斑羚群数量明显少于年轻斑羚群，于是，它悲怆地轻咩一声，迈着沉重的步伐走到老年斑羚群的队伍中去。随后，七八只中年公斑羚也跟随着镰刀头羊加入老年斑羚群的队伍。这么一倒腾，两拨斑羚的数量大致均衡。

紧接着，从那拨老年斑羚群里走出一只老公羊来。它向年轻斑羚群示意性地咩了一声，于是一只半大的斑羚应声走了出来。一老一少走到伤心崖，又后退了几步。突然，半大的斑羚朝前飞奔起来，差不多同时，老公羊也扬蹄快速助跑。半大的斑羚跑到悬崖边缘，纵身一跃，向山涧对面跳去。老公羊紧跟着头一勾，也从悬崖上蹿跃出去。一老一少跳跃的时间稍有先后，跳跃的幅度也略有不同，半大斑羚角度稍偏高些，而老公羊角度稍偏低些，这就等于一前一后，一高一低。奇迹出现，半大斑羚就要下落的瞬间，老公羊刚好出现在它的蹄下。于是，它猛蹬一下老公羊的脊背，再一次起跳。后面的结局，超乎人们想象：老公羊坠入深谷，而大半斑羚则成功跳至对面的山峰之上。

第一次试跳成功。紧接着，一对又一对斑羚凌空跃起。那情形，仿佛深谷之上临时搭建起一座生命的桥梁。

西顿野生动物故事集

【加】E.T.西顿 | 著，蒲隆 | 译

　　《西顿野生动物故事集》，原名《我所知道的野生动物》。看罢书名，你或许会想：这该是一本有趣的童话或是寓言故事吧。其实不然。因为，这里面记载的所有故事都是真实的。

　　"洛波，喀伦坡的大王""银斑，一只乌鸦的故事""豁豁耳，一只白尾兔的故事""宾戈，我的爱犬的故事""泉原狐""溜蹄的野马""巫利，一只黄狗的故事""红毛领，顿谷里的一只松鸡的故事"共八个章节，一个章节一个故事，八个故事分别叙述了八种不同动物的传奇生活。

　　你以为狼只是凶残的，可是号称"喀伦坡之王"的老狼洛波却有重情义的一面。猎人捕不到洛波，一次却捕到了他的配偶白姐，并将其置于死地。为了给心爱的伴侣复仇，洛波放弃只身逃往异乡的机会，一次次孤身袭击猎人的领地。洛波最后不幸被捕，最终死了。但与其说他是被猎人折磨而死，却不如说他绝食而死。你说乌鸦是愚蠢的、不吉利的，可是乌鸦首领银斑却非常勇敢，且以超乎常规的智慧领导着一个乌鸦群体，让它们的生活变得井然有序，进退有据。你以为柔弱的兔子是一无是处的吧，可是白尾兔毛丽却是一名真正的"母亲英雄"，她不惜牺牲自己的生命来拯救自己的儿子；而她的儿子豁豁耳也有着非凡的机

灵与胆量，以至于碰上大猎狗，它也敢上前挺起胸膛斗一斗。你说"狗是忠实的"没错，而"我"的爱犬宾戈与"我"之间发生的许多事，更是许多它的同类所望尘莫及，因为有时候它只是一只纯粹的狗，但有时候却又像极了一只狼，露出凶残的面相。但即便之后送了它给别人，"我"已不再是它主人，"我"遭遇狼群正生命悬于一线的时候，仍旧是它心有心灵犀似的，突然出现在"我"的面前，将狼群赶跑，拯救了"我"的性命。"狐狸"历来被人誉为"狡猾"的代名词，可是，你从泉原狐身上感受到的却是"聪明"，体会到的却是"亲情"。你以为野马是不值得一提的，而"溜蹄的"黑马为了获得自由，在他确认被猎人捕获后逃无可逃的时候，他毅然决然地趁着猎人不备，毫不犹豫地纵身跳入深谷。巫利是主人精心喂养的一条黄狗，白天是忠心的牧羊犬，夜晚却成了羊群杀手，甚至还咬碎了主人女儿的双手。而红毛领，则是松鸡世界里难得一见的一个模范父亲……遗憾的是，就是这样一些可爱而鲜活的生灵，它们的一生都无一例外以悲剧告终。

想知道更多人与自然的故事吗？那就快快走进《西顿野生动物故事集》吧！

夏洛的网

【美】E.B.怀特 | 著，任溶溶 | 译

　　夏洛是谁？他怎么会有网？这网是用什么做的？是用来捕鱼的网么……看了书名，你的脑海里是不是一下子便涌现出诸如此类的许多问题。不急，只要打开它，一页一页地读下去，你便会渐渐领悟，更会惊叹不已，感叹这世界的神奇与美妙。

　　弗恩还是一个小女孩。一天吃早餐的时候，弗恩看见爸爸手持一把斧头出去了。弗恩很好奇。妈妈告诉她，爸爸是要去杀掉一只太小太弱的落脚猪。弗恩知道落脚猪的意思。在人类社会中，妈妈们一下子生出两、三个孩子甚为少见。可是，在猪的世界里，这种现象再正常不过。事实上，猪妈妈一次生出七、八只小猪崽都是司空见惯。所谓落脚猪，指的就是猪妈妈一次生出的那么多的宝贝中最后落地的那个小家伙。弗恩听了妈妈的话，她吓坏了。她连忙哭着拦住了父亲："要是我生下来的时候很小很小，你也把我给杀了吗？"爸爸愣住了。于是，这只可怜的落脚猪因为弗恩的善良获得了第二次生命。弗恩给它起了个好听的名字——威尔伯。弗恩爱威尔伯胜过一切。她爱抚摸它，喂它，甚至把它放在床上。直至威尔伯五个礼拜大的时候，弗恩的父亲执意将它以六块钱的价格卖给弗恩的舅舅了，弗恩还是一直念念不忘，几乎天天去看它。

在弗恩舅舅家的谷仓里，落脚猪威尔伯结识了许多的朋友。其中，就有老鼠坦普尔顿，还有一只名叫夏洛的蜘蛛。这期间，威尔伯曾有过一次逃跑的经历。不幸的是，最终以失败宣告结束。于是，很快地，威尔伯便安于现状。慢慢地，它变胖了。如果日子就这样不紧不慢地过去，并没有什么不好。吃了睡，睡了吃，然后循环往复。事实上，威尔伯基本可算是衣食无忧。当然，这中间偶尔也有一些娱乐。譬如和朋友们的谈天说地。只是，让威尔伯不知所措的是，老羊给它带来一个坏消息，说人们让它长胖的目的只是为了到天气实在太冷的时候就杀了它。于是，威尔伯担惊受怕的日子开始了。它哇哇大哭起来。有谁可以拯救它吗？朋友夏洛答应帮助它。

夏洛是一只蜘蛛。它智慧，诚实守信，也讲义气。她敏锐地观察到人的愚蠢和虚荣。它在蜘蛛网上先后绣下了"王牌""了不起"和"谦卑"字样。于是，威尔伯的命运改变了，并且给它的主人带来了好运气。可是，夏洛在绣下"谦卑"，且产下514颗卵之后，匆匆地和威尔伯说了一声"再见"，便走完了自己的一生。威尔伯快活地活着，一天又一天。它小心翼翼地守护着夏洛的卵，直到那些宝贝们一个个出世，然后远走高飞……

这是一首关于生命、友情、爱与忠诚的赞歌！有读者说：我觉得在一个理想的世界里，应该只有两种人存在，一种是读过《夏洛的网》的人，另一种是将要读《夏洛的网》的人。我亲爱的朋友，你属于哪一种呢？

窗边的小·豆豆

【日】黑柳彻子 | 文，【日】岩崎千弘 | 图，赵玉皎 | 译

故事发生在第二次世界大战结束前的日本东京。故事的主人公名叫小豆豆。但小豆豆才上一年级，就被原学校责令退学了。原因是，她实在太淘气了。

上课的时候，她把书桌的盖子开了关，关了开，足有上百次。老师说，没事不要总是把书桌开开关关的。于是，小豆豆就把笔记本、文具盒和课本等一样一样地全部放到书桌里面，然后又把它们一样一样地拿出来。写字的时候，她就先拿出一支铅笔，然后关上盖子，接着又打开盖子，取个橡皮什么的，再关上盖子。完了，她又打开盖子，把橡皮放进去，再关上盖子。再往下，又打开盖子，原来她只写了一个字，就把铅笔放进去了……好不容易安静下来，她却一直站在教室的窗子旁边。做什么呢？只是为了和来来往往的宣传艺人打招呼。招呼也就罢了，谁知她还恳求艺人们："哎，给我们表演一个吧。"结果，艺人们真的开始了盛大的演出。一曲终了，艺人们走了，同学们都回到座位上，只有她依然站在窗边。她说：要是再有别的宣传艺人过来，不跟他们打招呼可不行；而且刚才的艺人们又回来了的话，我不在怎么行……

小豆豆不得不退学。因为她让老师和同学们不得安宁。她来到了巴学园。这个学校实在奇怪：大门是两棵低矮的树，教室竟然是真正的电

182

车。进门后，小豆豆和校长先生开始了一次长谈。校长先生说，你跟老师说说话吧，说什么都行。小豆豆开心极了，立刻就开始说起来。从电车说到从前的学校和老师，然后说到燕子的窝，接着又说了家里的那一只名为"洛基"的狗，说到上幼儿园时曾经把剪刀放到嘴里……她说了四个小时。而校长先生却一直微笑着，一直时不时地点点头。最后，他用温暖的大手摸摸小豆豆的头：好了，从现在开始，你是这个学校的学生了。

在巴学园，小豆豆经历太多的新鲜事儿。譬如说，盒饭得有海的味道山的味道，教室里的座位可以自由选择，每天都是从自己最喜欢的课开始学习，每天饭前大家得齐唱《饭前之歌》，每天下午一般都会去散步……她依旧会做"傻"事，可在小林校长的爱护和引导下，"怪怪"的她逐渐变成了一个大家都能接受、喜欢的孩子。你也许会质疑小林校长的魅力。那么，就请你记住小林校长经常所说的这段话吧：

"无论哪个孩子，当他出世的时候，都具有优良的品质。在他成长的过程中，会受到很多影响，有来自周围的环境的，也有来自成年人的影响，这些优良的品质可能会受到损害。所以，我们要早早地发现这些'优良的品质'，并让它们得以发扬光大，把孩子们培养成富有个性的人。"

怎么样，是不是很羡慕小豆豆的幸运？那么，就赶紧走近些看一看吧。故事很多，它们都是真实的。编者说：每个人都能在这本书里找到自己阳光灿烂的童年。信不信，读一读便知道。

那个骑轮箱来的蜜儿

杨红樱 | 著

　　那个骑轮箱来的蜜儿？一看到这样一本书名，或许你便会情不自禁地提出许多的疑问。譬如，蜜儿是谁？是男是女？又譬如，轮箱是个什么东西？她或他怎么会骑着轮箱呢？再譬如，她或他，从哪儿来，又往哪里去？他或她又会做些什么⋯⋯不急，请听我慢慢道来。

　　孟小乔是一个正读小学五年级的女生。一天清晨，也不知是否机缘巧合，因为受不了家里的喧嚣，独自从家里逃出来以寻求安静的孟小乔，在神秘的仙女湖畔，遇见了一个愿意到她家做保姆的女人。这个神秘的女人，就叫蜜儿。蜜儿的交通工具很神奇，居然是一只带轮子的箱子。只要坐上去，箱子居然就动起来。事实上，之后孟小乔就是坐着这样的箱子随着蜜儿一起回到了自己的家。

　　蜜儿的出现，使孟小乔全家人的生活变得神奇而活跃起来。孟小乔的爸爸头脑一向糊涂，做起事来常常丢三落四，可是自从喝了蜜儿的清脑丸，他便一直头脑清醒着，做事再也没有虎头蛇尾。孟小乔妈妈心眼窄小，闲来无事总喜欢挑别人的刺儿，可是自从喝了蜜儿的开心散，便变得心胸开阔，整天笑呵呵了。而胆小的孟小乔自从喝了蜜儿的壮胆片，也敢独自在晚上进卫生间了。甚至于，她从此还可从容地一个人独自跨过门前的那一块小木板去上学了。因为常常嫉妒别人，孟小乔总是

显出不快乐的模样，因为蜜儿的点拨，孟小乔很快去掉了心上的毒瘤，学会用欣赏、敬佩的目光看待周围比自己优秀的人。蜜儿见孟小乔总是在忙功课，便到学校给喜欢布置作业的教师施了法，以至于整个周末孟小乔一点儿作业也没有。可是，即便孟小乔的爸爸妈妈取消了她的一切周末培训活动，孟小乔依然高兴不起来。因为她除了做作业、弹琴和背英语单词，几乎什么也不会。于是，蜜儿就带着她到树林里结识了十分会玩的小人精。到了期末写评语时，蜜儿让老师们带上优点放大镜，结果平时爱挑毛病的老师，给每一位同学都写上了一段优美的评语……

　　你应该看出来了，对，蜜儿不是简单的保姆，她会魔法。但凡孟小乔一家遇着什么困难，她总会想出办法，化干戈为玉帛，化腐朽为神奇。有趣么？快来读一读吧。要知道，作为杨红樱童话系列中的一部，它描绘的一幕幕看似离奇的幻想故事，反映的可是当代小学生在功课重压下的真实生活状态呢。所以，只要走进去，你便能找得到自己和身边小伙伴们的影子。

漂亮老师和坏小子

杨红樱 | 著

　　《漂亮老师和坏小子》是当代著名儿童文学作家杨红樱继《五·三班的坏小子》之后的又一部力作。精彩不精彩，其实看了书名，再略略驰骋一下想象，便可以猜测到。

　　正如许多同学所知道的，这里的坏小子就是刚刚升格为六·三班的原五·三班的那个H4。H4自然就是那全校闻名的四个坏小子：肥猫鲁云飞、米老鼠米奇、豆芽儿黄豆豆和兔巴哥战小欧。这四个坏小子之所以有这样几个别具一格的绰号，实在是因为他们风格迥异、各具特色：肥猫胖墩墩，而且贪吃；米老鼠长得像老鼠，馊主意还最多；豆芽儿生得精瘦，俨然一副骨头架子；至于兔巴哥，则是因为他的那口乱七八糟的牙齿——不过跑起来的确像只兔子。四个坏小子经常在学校"大闹天宫"，没有一个老师管得了他们。他们甚至敢将玩笑开到校长那里。姜校长是个秃顶，有一次，这些捣蛋鬼便在校长这秃顶上做起文章来。有的说像溜冰场，有的说像飞机场。而当姜校长用周边的头发盖住秃顶时，他们又说是"地方支援中央"……

　　一个偶然的机会，四个坏小子在一家肯德基店认识了漂亮老师米兰。漂亮老师漂亮么？当然漂亮。不信你看：长睫毛，大眼睛，长头发，穿白T恤，裤腰上松松地系一条宽皮带，外加个子还高挑。不经意一看，俨然日本卡通片中走出来的仙人似的人物。不过，那时他们并不相识。其实，米兰老师的漂亮又岂止是外表。那天认识坏小子们的时候，她可就是在素未谋面的情况下捐助了五毛钱，成全了四个坏小子买一大杯可乐的愿望。甚至，她还请了四个坏小子一人一个甜筒。课间操的时候，她会跳孩子们都喜欢的芭啦芭啦舞。她能将舞跳得像迪斯科那样奔放，像现代舞那样抽象，像芭蕾舞那样优雅。在肥猫的爸爸妈妈眼里，肥猫完全一无是处。可是，米兰老师去肥猫家家访的时候，却告诉肥猫的爸爸妈妈，肥猫其实有许多优点，譬如诚实、有爱心，而且求知欲还特别强。临走，她还特别送了肥猫一个呼啦圈，说是可以用来减减肥。去豆芽儿家的时候，米兰老师送给豆芽儿的，是一个可以治豆芽儿尿床的偏方——为了不使豆芽儿一家人难堪，她竟然还撒了个美丽的谎言，说自己小时也尿过床……

有趣么？感动吗？精彩远不止这些。走进去，你会读到你、你的同学和你的老师的影子。当然，你也可能读到你想象中老师的美好样子。

亲亲我的妈妈

黄蓓佳 | 著

他是一个小男孩，一个被老师唤作"赵安迪"、被爸爸叫成"安宝儿"、被妈妈称为"弟弟"的十岁男孩。原本，他过着非常平静的生活，和爸爸一起。可是一个黄昏，一次突如其来的车祸打破了所有的宁静。他失去了与其相依为命的爸爸。爸爸在车祸的那一刹那，将他抛了出去。结果，他安然无恙。但爸爸，却永远地离他而去。

对于"妈妈"的认识，一直以来，尽管他已经在这世上安然地度过了十年，他却只是将她理解为爸爸珍藏起来的一张漂亮照片。然而，爸爸葬礼那天，妈妈真的出现了。在他看来，妈妈简直就像是从照片中走下来一样。带着甜橙花的香气，她静静地来了，又悄无声息地走了。

走的时候，弟弟也跟着去了。——在此之前，他一直只被唤作"赵安迪"或是"安宝儿"。没有谁勉强他。当妈妈问她是否愿意跟她走的时候，其实他可以点头，也可以摇头。但匪夷所思的是，即便从来没有相见，他就奇奇怪怪地点了头，然后选择了跟着妈妈一起离开。其实，他对妈妈一无所知。甚至于，他和妈妈生活了很长一段时间，都不知道妈妈每天的工作是什么。妈妈在他的世界中，是一个神秘莫测的人，一个来无影去无踪的电脑游戏人物一样的人。因为妈妈，他的生活变得近于程式化。每天几点起床，早餐什么，怎样蒸煮，晚上何时功课、睡

觉，妈妈都给他安排得一丝不乱。一切都无懈可击，像瑞士钟表一样准确、精细。让弟弟不可思议的是，妈妈总是夜晚工作，凌晨回家，然后睡觉。妈妈很少与他说话。最初的半个月，妈妈其实每天只和他说两三句话。而且无一例外，都简便，明了，中性。"吃饱了吗？""到睡觉的时间了。"……就这样，冷冷，平平，淡淡，似乎只是例行公事。

让弟弟无法理解的事情不可计数。譬如说，别的女人都爱看的电视节目，如娱乐啊、购物啊、电视剧啊，妈妈不怎么看。妈妈只看严肃的社会新闻。好在，弟弟还有外婆、大姨妈、可儿表姐和好友"血爪"。于是，他并不十分觉得孤单和寂寞。相反，他倒是常常替妈妈担心。他试图改变。在这个阴郁的空间里，他一点一滴地努力，小心翼翼。他和可儿导演了一幕听众与电台主持人心萍女士（妈妈的艺名）的见面会，彻底扭转了妈妈濒于下岗的局面。当妈妈需要一个男人为了她出主意的时候，他便勇于站出来，为她排忧解难。为了纪念逝去爸爸的生日，他还排除万难，亲手操持了一次只有他和妈妈共度的特别晚餐……

一个有轻微孤独症的孩子，一个有轻微抑郁症的年轻母亲，因为岁月的不经意，他们猝不及防地走到一起。生活有一点怪癖，有一点感伤。可是，因为孩子为妈妈的改变，因为妈妈为孩子的改变，随着时间的车轮一点一点地辗过，这个家却越来越多地弥漫着快乐和温情。

今天我是升旗手

黄蓓佳 | 著

　　对于一个正处在读书年龄的孩子来说，没有人能够抗拒得了当升旗手的诱惑。完全可以想象，在上千名师生羡慕的目光中，将一面鲜艳的五星红旗徐徐升上旗杆顶端，那种荣耀与满足，那种兴奋与自豪，是任何物质奖励也无可比拟的。

　　很幸运，肖晓便得着这一机会。其实，四年级的时候，肖晓曾因为在全区小学生"国旗知识竞赛"中拔了头筹而获得当升旗手的机会。可是，偏偏升旗那天，肖晓病了，并且病得一塌糊涂，足足在医院待了三天三夜。五年级的时候吧，肖晓也有一次机会当升旗手，可他太急功冒进，结果弄巧成拙，又泡了汤。现在六年级了，肖晓终于又获得了一次当升旗手的殊荣。

　　同学马驭说，肖晓此番厚遇，完全是因为运气好。其实，还真的是肖晓的运气好。那一日傍晚，学校活动课结束，一帮子男生踢完足球大汗淋漓，齐刷刷奔了校门口的街边小店买喝的。肖晓晚去一步。因为好朋友包郝死皮赖脸请他代抄记事，然后风一般消失了。没有办法，肖晓只好抄了自己的，又帮包郝抄。就这么巧，等他赶到小店的时候，人就都走光了。走光了不打紧，紧要的是，他刚准备走，却发现书包底下压着一只鼓鼓囊囊的黑色皮包。小店老板试图据为己有，但肖晓机灵，

很快就断定这包并非小店老板所有。他决定走出店门路边上等等看。他猜测失主很快会寻过来。毕竟那么大的一个包。哪知道，正等着，突然身侧冲出一个庞大身躯，他还来不及反应，那人抢了包就跑。换了别人，一惊一乍，再一慢，包丢了肯定就丢了。但肖晓不是别人。事实上，他的确慢了一慢，但反应过来之后，立刻卸了书包飞一般追过去。还别说，不过几十米，他就追上了那抢匪。他连压带喊，终于招来无数热心路人，最终一齐擒住抢匪交给及时赶到的警察。肖晓知道包里装着五万八千六百块，是第二天校长告诉他的。校长还告诉他，他不单捡了一大笔钱，还救了一条人命。原来，失主丢失巨款寻找无着之后，竟然药店里买了一瓶"安定"回旅馆全倒进了嘴里。好在，公安人员从肖晓捡到的包里找到线索，及时将其解救。

校长说，一定要奖励，要借此机会开展理想主义教育，树立良好校风。结果，讨论的结果是，破例给六（4）班一次升国旗的机会，升旗手就是肖晓。这对期盼已久，已经有那么一点"自暴自弃"的肖晓来说，无疑天上掉了块馅饼。好事来得太突然了，以致他都来不及做丝毫准备。当然，他还是得做些必需的准备。他发誓无论如何，要把国旗升得漂亮。电视里不是经常看到天安门国旗班战士的升旗仪式么？就得那样，这边国歌音乐一停，那边国旗刚好升到顶上，不多不少，一分一秒都不差。肖晓不只是想想，他要操练，星期天在家里预演，甚至他把爷爷和奶奶都动员起来。爷爷当护旗手，奶奶代替录音机奏乐。只不过，因为奶奶节奏太慢，爷爷又五音不全，最后还是包郝录了一盘磁带及时救了急。旗杆先是晒衣竿，后反复斟酌，改为门框。国旗先是枕巾，后改为妈妈的丝巾。就这样，九点钟起床，直至午餐前夕，肖晓最后一次

拉升给此次演练画上了一个圆满的句号：小号吹出最后一个音符时，妈妈的丝巾不早不晚，刚好升到滑轮底下。

万事俱备，只欠东风了，是吧？其实，肖晓也早铁定了心，要在次日把学校的国旗升出艺术、升出气势，升出天安门国旗班的风采来。可是，万万没有想到的是，事情只在一夜之间就起了变化。这不，第二天一大早，他精心打扮之后赶到学校，班主任梅老师见他第一面，便是和他商量："如果今天改让你当护旗手，你会同意吗？"

难道，真如世人所说"天有不测风云"吗？可是，明明是人事啊。认识肖晓的人，都知道为了等这一天，肖晓等了已经快六年了。究竟发生了什么，会让梅老师和校长突然改变了主意呢？升旗手换了谁？肖晓会心甘情愿当护旗手么……如果你不拿起这本书，然后静静地走进去，这些个问题，将永远都是一个谜。

会走路的小·房子

杨红樱 | 著

这是一座会走路的小房子。

小房子很漂亮。所以会走路，是因为它有一双很大很大的脚。尤其神气的是，它大大的脚上还穿着一双很大很大的皮鞋。一旦走起路，肯定是"夸夸夸"地响。只是，它的脾气大得很。它老跟它的邻居风车吵架。其实，也谈不上吵架。毕竟从头至尾，只是它一个人在数落。风车转得慢了，它说：懒鬼，你不能转得快一点吗？风车转得快了，它又嚷嚷：你疯了吗？别转得那么快，快停下来。谁都知道风车哪里可以自己控制快与慢，都是风惹的祸呢。可是，小房子全然不顾。它觉得风车不可理喻，于是它不再跟风车做邻居。"夸夸夸"，说一声"讨厌"，它气咻咻地迈开大步走了。

小房子去跟钟楼做了邻居。每隔一小时，钟楼就要敲一次钟。白天也就算了，晚上也敲。这让小房子受不了。它去跟钟楼商量：你能不能白天敲，晚上不敲呢？答案显然是否定的。于是，小房子又生气了：你真笨啊，你不能灵活一点吗？当得到的答案仍旧是否定的时候，它恼羞成怒，一边骂着"笨钟"，一边又气呼呼迈开大步，"夸夸夸"地走了。

路过小河边，一只胖鹅想住进来，小房子没有同意。来到一片草

地，一只小狗要住进来，小房子也没有同意。走啊，走啊……小房子爬了一座又一座的山，趟了一条又一条的河，它身上的油漆剥落了，门坏了，窗坏了，脚上的大皮鞋也烂掉了。走到树林里，它再也走不动了。它成了树林里的一座破旧的小房子。小房子很伤心，它以为不会有人再喜欢它了。可是，有一天一个梳翘辫子的小女孩和一个爱翻跟头的小男孩来到森林里，来到了小房子的身边。小跟头说小房子破，但小翘辫子却围着小房子看了又看，好像看不够。她喜欢上了这座小房子。小房子也喜欢上了小翘辫子。但问题是，小房子却不再喜欢自己，因为它的门坏了，窗坏了，油漆都剥落了。可是，小翘辫子说，这有什么关系呢。她用一颗一颗鲜红的果子串成一挂门帘，她将一大群花花绿绿的蝴蝶引来做了一幅天然的美丽窗帘。她还从树林深处找来一根长长的爬山虎爬满小房子。于是，破旧的小房子改了样，成了世界上最棒的小房子，成了一座散发着浓郁清香味儿的绿色小屋。

变了模样的小房子，想起过去，它惭愧不已。在小翘辫子和小跟头的鼓励下，它开始往回走。往回走的路，是那样的美好。小花狗住进来，小胖鹅也住进来，钟楼找到了，大风车也找到了……

这是一篇温暖而美丽的童话。这种温暖和美丽，实际上是友爱、关怀、尊重、接纳、谦让、奉献、自信等美德所散发出来的。读罢，不由你不掩卷沉思：现世的生活何尝不是如此？美德潜藏在我们每一个人身上，你闪出一丝光芒，世界就多了一丝光芒；你献出一分温暖，世界便多了一分温暖。

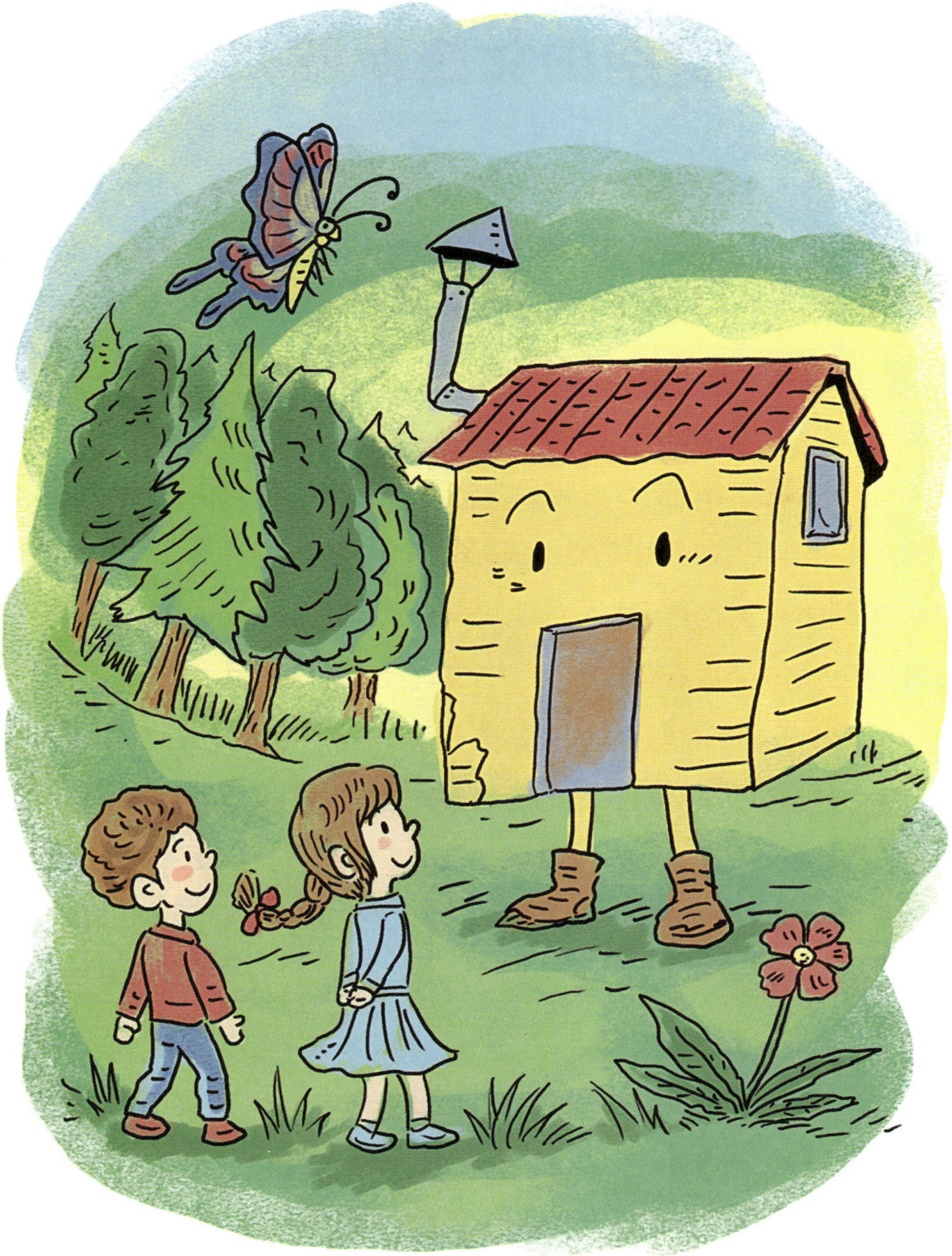

特别的女生萨哈拉

【美】爱斯米·科德尔 | 著，海绵 | 译

　　你应该看出来了。是的，你看出来了，她叫萨哈拉。奇怪了，是吗？"撒哈拉"与"萨哈拉"只是一字之差。可前者是世界上最大的沙漠的名字，后者却是一个女孩儿的名字。女孩儿没有选择。就像天底下所有的宝贝们，都无法选择自己的父母一样，她无法选择自己的名字。因为她一出生，她的爸爸就给她起了这个名字。爸爸的理由无可厚非，他希望他的女儿与众不同。当然，后来她也有选择。当她可以选择的时候，她仍然决定用这样的名字。人如其名，她是个特别的女生。

　　萨哈拉的特别，不仅仅是她的名字。在同学和老师的眼里，萨哈拉是个笨学生，是个需要给予特别教育的学生。其实，她只是写了一些寄无可寄的信，在信上说了些诸如"回来吧，爸爸！""你为什么不要我了？"之类的话，可是不巧的是，有一天它们掉在地上，然后出现在老师眼皮底下，接着便又转到了校长手里。于是，事情出来了。他们一致觉得萨哈拉不可思议。于是，她的母亲被请到了学校。校长拿出萨哈拉在学校表现的记录。遗憾的是，那里面只有她不写作业、不开口读书、不学习的表现，却只字不提她事实上酷爱阅读，一直坚持写作，甚至于还偷偷地写了一本自己的书藏在图书馆里的事情……他们什么都不知道，却又以为自己什么都知道。就这样，萨哈拉成了有特别需要的

女生：每天在学校的大厅里，和一位特别辅导员装模作样地做一些练习啊、游戏啊之类的无聊事情。

只是后来，萨哈拉选择了留级。当然，更确切些说，是萨哈拉的妈妈帮助萨哈拉选择了留级。因为妈妈实在不能容忍萨哈拉在接受特别帮助的同时，竟然还有一个疯子德里陪同。萨哈拉本以为这个世界上，只有好朋友瑞秋才懂得她。可是，留级的日子，萨哈拉渐渐发现，随着那位行为怪异的新老师波迪小姐介入她的生活，她慢慢就有了变化。

波迪小姐其貌不扬。事实上，如果她没站在讲台上，那么一定有人误会她是个成天在街头成天晃悠的问题少女。但出乎意料，完全开学第一天，她给孩子们带来一大捧鲜花，还将一盏台灯擦了又擦，直擦得通体透亮，才举起来一边测试一边自言自语："如果光明都没有了，我们就只剩下伤心了！"她打量孩子们，就像牙医认真检查病人口里的每一颗牙齿。她和孩子们商讨规矩，但只喜欢讲"一定要"，而不是"不许"。她号召孩子们写日记，写了她就写评语。如果孩子们不想让她看，画个圆圈，里面写个P，再画一条斜线就可以。她对孩子们秘密的守护，就像一个军官。她建议革新教材，因为从没人打着手电看课本，从没有人推荐过课本，也从没有人会为课本中的故事痛哭流涕，于是，大部分时间她都是找别的东西来上课。她给孩子们讲故事，乌鸦喝水，狐狸吃葡萄，狐狸和鸬鹚请客，狮子和老鼠……故事多到可以撑死一头小猪。边讲边议，讲完再议。孩子们争论，她不说对也不说错，只说"想点新鲜的""还有吗""不错的意见""别人呢"。她主张孩子们把烦恼都扔在家里，而不是带到学校，所以每个早晨她都要站在教室门口拿个"烦恼收集器"要求每个孩子进入时把烦恼扔进去。所以坚持，

是她觉得只有这样，孩子们才可以好好听课，好好学习……

　　就这样，萨哈拉开始写作业。起初是一句话，然后是一段话，继而便是成篇成篇的好东西。她开始开口说话。甚至于当着所有同学的面大声朗诵自己的日记。甚至于，萨哈拉还尝试着关心疯子德里……是的，只是因为这位新来的老师波迪小姐，萨哈拉说："我要开始新的生活。"于是，一场奇妙的人生旅程就这样拉开了序幕……

　　书页的最后一句话是：于是，这成了"额外的奖赏"。

单翼天使不孤单

伍美珍 | 著

你知道么，这世上有一类天使是单翼的。因为命运不肯垂怜他们，夺去了他们的一只翅膀，让他们成为失去父爱或是母爱的孩子。较之常人，他们内心总是无比忧伤。但表面上，却常以疯狂的大笑来掩饰内心的害怕与孤独。最最让人不安的是，他们总是担心自己不知什么时候又失去另一只翅膀。

张小伟就是这么一个单翼天使。因为妈妈嫌爸爸没用，和爸爸离了婚，而他则随了好强的妈妈过活。班主任陆老师走了，但匪夷所思的是，临走前她却悄悄地告诉他，她最舍不得的学生就是他。张小伟成绩优秀，是班里的学习委员，并且已经连续两年被评为优秀学生干部。可是，不可思议的是，全班几乎人人有绰号，却唯独他没有。譬如新换来的那个文静、腼腆、成绩又好的女同桌宁佳心，便被同学们尊为"夹心饼干"。可恼人的是，才彼此同桌一节课，下了课她便失去了踪影。取而代之的，则是班里出了名的最大大咧咧的女生。换就换吧，偏偏这个大大咧咧的女生又暗示他，说是夹心饼干自己不愿意和他同桌。而诸多好事的同学，更是借题发挥，说是夹心饼干所以不愿意与他同桌，是怕与他闹绯闻。这下好啦，整个班级因为他和夹心饼干的事闹炸开了锅。张小伟有口难辩。夹心饼干虽然也是百口难辩，但有"丸子军团"为其

伸张正义。而另一派"武林帮",更因人多势众,竭尽热闹起哄之能事。只有张小伟,在一片闹哄哄的嘈音中,显得是那么的孤单与无助。

放学后回到家,家里一个人也没有。张小伟哭了,他想爸爸。可是爸爸没有了。其实,除了陆老师,学校里谁也不知道,他并不是爸爸的亲生儿子。还是张小伟一岁的时候,他就和他的妈妈一起被亲生爸爸抛弃了。张小伟将自己包裹得很紧。他在学校尽力去做一个好孩子,尽力地讨老师和同学的喜欢。甚至,他还会表现出虚伪的一面。所有一切,只不过为大家接受他,喜欢他。在家里,张小伟也一直努力地在做一个乖孩子,尽量不让妈妈为他操心和烦恼。因为他总有一种恐惧:怕哪天突然妈妈就把他当成累赘,不要他了,然后就像亲生爸爸那样抛弃了他……总之,他的内心是一口深井,隐藏着无尽的伤痛、孤独和难言的苦衷。

可是,无独有偶。渐渐的,他居然发现周围同学之中,像他一般的单翼天使并不止他一个。夹心饼干是,"数学王子"小燕子也是……他们表面上和大家一样快乐,但内心却都有着挥之不去的忧伤。

怎样走出自我的圈圈呢?只有彼此拥抱着才能飞翔,敞开心扉,唯有给予和宽容才能为自己赢得温暖和爱,这就是单翼天使们共同的成长体会。

蓝色的海豚岛

【美】斯·奥尔台 | 著，傅定邦 | 译

太平洋上有一个小岛。假如你站在岛中央耸起的一座小山上，你会认为它就像一条鱼——一条侧躺着的海豚。尾巴指向日出的地方，鼻子朝着日落的地方，它的鳍就是暗礁和沿岸的石壁。因为差不多天天刮风，而且风刮得很大，所以这里的山都是光秃秃的，树干低矮盘曲，即使是在珊瑚湾峡谷中的树木也是如此。

但是，这个岛并不孤独。因为岛的周围有海獭在嬉戏，有海象在争雄，还有野狗在决斗……更重要的是，还有海豚在游泳。当然，更为重要的是，这里曾经居住过一群印第安人。只是，由于受到捕猎海獭的阿留申人的杀害，他们后来不得不离开了这个岛屿而去了东方去居住。然而，阴差阳错，一个12岁的小姑娘——卡拉娜，却独自留了下来。事实上，最初卡拉娜并非独自一人。因为当船即将离去，而已经站在甲板上的她，只是看到了他年仅六岁的弟弟被落在沙滩上的时候，才毅然决然地跳进了大海，游回了沙滩。不幸的是，在一次与野狗的争斗中，弟弟拉莫永远地离开了她。

卡拉娜相信那条白人的船还会回来。部落的法律禁止部落里的妇女制造武器。并且有传言，如果有妇女制造武器，风就会从世界的四面八方吹来直至把人闷死；大地也会震动，把人埋到震倒的岩石下面。甚

至，大海还会在一次可怕的洪水中升起，把整个岛屿淹掉。最不可思议的是，那件被制造出的武器也会在制造者生命垂危的时候在手里断掉。一切，都似乎是个魔咒。可是为了生存，卡拉娜学着制造武器。因为野狗随时出现威胁着她的安全，并且她还要为她死去的弟弟报仇。

很快，她就由一个只知道整天在珊瑚礁上搜集鲍鱼、再把鲍鱼摊在岩石上晒干的女孩儿，开始变得独当一面。她有了自己的标枪和弓箭。尽管制作的过程并非一帆风顺，但在失败了无数次之后，她还是成功了。她杀死了几条野狗，之后又一步步逼近野狗的老巢，最终成功地驯服了野狗中的头狗，给它起了一个好听的名字——朗图，并且让它成了她寸步不离的好朋友。尔后，卡拉娜又成功驯养了蜂鸟和小海獭。她甚至还孤身与一条大得出奇的章鱼进行过搏斗，并取得了最后的胜利。

就这样，孤零零的她独自修建住所，制造武器和捕鱼用具，与野狗斗争，历尽艰险，在孤岛上活过了一年又一年。冬去春来，进入第十八个年头的一个风平浪静的早晨，一条船来了。虽然白人不是以前的白人，她还是微笑着随他们一起起航，朝着太阳升起的方向笔直地驶去……

走进，你会发现，这部被美国儿童文学协会评为"1976年以来最伟大的10部儿童文学作品"之一的历史小说，给你讲述的是又一个鲁滨逊漂流记的故事。

牵一只蜗牛去散步

张文亮 | 著

　　牵一只蜗牛去散步？你一定以为我疯了。是的，如你所想，我也觉得自己疯了。

　　不过，这是上帝给我的任务，我很无奈。你知道的，蜗牛总是不能走得太快。尽管我已经能够感觉到它很努力很努力，但事实上，它每次真的只是前进那么一点点一点点。我催它，唬它，责备它。它用抱歉的目光很无辜地看我：人家已经尽力了嘛。我拉它，扯它，甚至想踢它。它受伤了。好在，流汗，喘气，它仍旧继续往前爬。它爬，我在后面生闷气。到底跟一只蜗牛是急不来的，不是么？于是，我心有旁骛。说出来，你也许不信，但我确乎是闻到了淡淡的花香，感受到温柔的微风。是了，还有啁啾的鸟鸣，窃窃的虫声。还有满天亮丽的星斗……啊，怎么以前从来没有这般细腻的体会？我忽然醒悟过来：我错了，是上帝叫一只蜗牛牵我来散步耶。

　　我说毛毛虫教我怎样去上课，你信么？要不是亲历，我也不信。那一天，我无心进课堂。上课的铃声都已经敲响，我还在外面游荡。我的心灵受到创伤，我无法心平气和地面对学生。忽然，一只毛毛虫从树上掉下，一个小女孩尖叫，一个男孩大呼恶心。我低头安慰毛毛虫，问他是否受伤，可他毫不领情，身子一翻，便出了路面，爬进草坪。让我

大跌眼镜的是，他居然选择了自己刚掉下来的那棵枫树。枫树的皮既粗糙又凹凸，毛毛虫奋力向上爬。但没爬几步，咚，又掉到地上。我以为他会放弃了。没想到，他一翻身，又朝同一棵树干上爬。有一回，我正庆幸他已经爬了很高很高的时候，忽然一阵大风刮来，他又掉下来。我不由心伤：那么高的地方，他该不会落地摔死或是受到重创吧？然而，出乎意料的是，落下的那一刻，我看到他的每根长毛都张开了，就像降落伞的结构。是的，结果他安然无恙。柔软的竟比坚硬的生命更经得起摔，我禁不住想。我想我的，而毛毛虫又朝同一棵树上爬去……

如果我告诉你，我开了很远的车，去拍一张图片作封底，只拍回一

只土鸭，你会不会觉得不可思议？如你一般，老编也觉得我不可理喻。可是，你们想过没有，彰化那块一望无际的盐碱地，海风咻咻地吹，太阳凶猛地晒，连河水都咸咸的，这人踪罕至之处，竟然有一只土鸭在那里悠闲地摆来摆去地走着——这是多么自由自由的意境！再说，他虽然看上去老一点土一点丑一点，但也是上帝设计创造的呀。即使平凡，他也有他独有的尊贵：在彰化野地里，没有人养他，大自然来养；没有人眷顾他，上帝来眷顾。于是，和其他所有貌美珍奇的宠儿一样，他也长得好好的……所以，我想说的是，貌不美的，不起眼的，反而更需要多看一眼。

聪明的，你须明白：即便是小虫一只，哪怕他自己不知道，有一天，他也会变成一只美丽的蝴蝶，在阳光和蓝天下飞舞。

不老泉

【美】娜塔莉·巴比特 | 著，吕明 | 译

这不是一个童话，也不是一个传说，而是一个真实的故事。

八月的头一个星期，是一个令人窒息的天气。无论清晨、中午，还是黄昏，都是那样的炎热，凝滞，静得出奇。就在这个星期的某一天，发生了三件事：清晨，梅·塔克骑马前往林间村旁边的一片林子去跟她的两个儿子迈尔斯和杰西见面，她们每十年都要在这片林子里相聚一次；中午，林子主人的女儿温妮·福斯特终于忍不住被成天关在家里的生活，决定离家出走；黄昏，福斯特家门前来了一个陌生人，他来找个人，但没说找谁。

毫不相干的三件事，你相信么，却出乎意料的交集在一起。而交集的中心，就是那片林子。当然，这所有的一切，若不是亲历，无论如何也无法让人相信。然而，事实上，温妮耳闻目睹了这中间所发生的所有细节，甚至亲身参与之后，直至离开人世她还是觉得不可思议。那一天，她走进这片林子，这是之前从未有过的事。林子是温斯特家族的私有财产，未经许可，任何人不得进入。即便是温斯特家庭的人，也从未走进过。但温妮就这样贸贸然走了进去。其实，她只是觉得应该一个人独自走出去闯一闯。前一天她曾向一只蟾蜍这般许诺。林子近在眼前，这是她最好的选择。

　　林子里弥漫着一种奇异的光，跟温妮平日从远处看到的完全不一样。尤其让温妮惊奇的是，在一片空地中央的一棵巨树下，一个赏心悦目的大男孩正悠闲地坐在那儿。当他们四目相对的时候，他告诉她他叫杰西，已经有一百零四岁。接下来，更多匪夷所思的事情发生了：她先是被绑架，就因为她渴了想要喝大男孩身旁的那眼泉水；然后，绑架途中，她竟然发现绑架者和她一样惊慌，甚至于他们要对她苦苦哀求，央她去帮帮他们；接下来，她被带到了他们的家，一个到处都乱糟糟的屋子，从厨房到客厅，从卧室到阁楼，没有一处不让她吃惊得瞪大了眼睛，说不出来话；后来，她才知道他们根本就在不乎什么整洁，他们有的是时间，从来不着急去做打扫，甚至是任何事。因为他们一家都喝了那一眼泉水而停止生长。而正因为如此，他们才绑架了她，他们想请她保密。

　　生命就像一个轮子，一切都像轮子，在不停地转动，永无停歇。青蛙是轮子的一部分，昆虫，鱼儿，还有画眉鸟也是。人也一样，但永远都不是同一个，永远是新的，永远在生长，永远在运动。但塔克一家不是这样，就因为那一眼泉水，他们停止了生长。他们渴望像其他生命一样，爬回轮子，一起旋转，一起生长。但他们停不下来了，甚至头着地摔下、子弹穿过胸膛，他们都能安然无恙。他们只是存在，就像路边的石头。他们伤心，绝望，恐惧。正因为如此，他们不得不常常过着一种流浪的生活。因为他们总不能在同一个地方待得太久，否则，就会招人怀疑，惹人害怕：大家都在老去，而唯独他们没有变化。然而，所有这一切，只有他们经历过才会明白。他们担心，担心不老泉被他人发现，然后所有的老人永远是老人，所有的孩子都永远是孩子，然后所有人都

只成为一个存在，像路边的石头……

当温妮终于明白这一切的时候，一场阴谋正悄悄地在酝酿和进行着。是的，就是那个曾经来访的陌生人。原来他不远千里来到林间村，就是想千方百计侵占这片林子，用不老泉来谋取私利。显然，这是塔克一家和温妮都无法接受的。于是，一块战争在一阵静默之后突然暴发……

谁会胜出呢？这事栅栏旁小路边的那只蟾蜍知道，信不信由你。

鲁滨逊漂流记

【英】丹尼尔·笛福 | 著

　　我的名字叫鲁滨逊·克鲁索。与许多人不一样，我随母姓，因为母亲是当地一户富裕人家的女儿。我的另一与众不同的地方是，很小的时候开始，我就满脑子闯荡世界和外出冒险的念头。

　　父亲曾经试图规劝于我，甚至不惜以哥哥为例。要知道，哥哥是我们这个家庭永远的痛。他一心想出去一展身手，不听任何人的阻止和劝告，最后倒在了佛兰德战场之上。说到动情处，父亲老泪纵横，泣不成声。说实话，当时我的心被深深地震动了，于是我下定决心留在家里，绝不再想航海冒险的傻事。可不几日，我的决心便烟消云散了。但最终因为既说服不了父亲，也说服不了母亲，我只好私自出行。

　　第一次远航，是在1651年9月1日。我永远忘不了那一次航行。因为半路上接连遭遇风暴，我们的船沉没了。幸运的是，我们被途经的一只船冒死救下。要不然，第一次远航非但会断送了我所有的冒险念想，我的性命也自此终结。都说"一朝被蛇咬，十年怕井绳"，但奇怪的是，这仅仅才拉开我海上冒险经历的序幕。

　　第一次远航不久，我又上了一只开往非洲几尼亚的船。这是我冒险生涯中难得成功的一次。因为在船长的指导下，我学会了许多相关航海的知识，也赚了许多钱。但也因此再次遭遇不幸。船往非洲西北岸加纳

利群岛驶去的时候，一只海盗船追上来，结果我们几乎全军覆没，而我则被留在海盗船长的家里做了他的奴隶。虽然之后我成功逃脱，但那两年多的奴隶生活，我终生难忘。所以得救，还是因为半途中有人来救。救我的船长，之后成为我永远的朋友，也正因为他的引导和帮助，我才有了自己的产业——巴西种植园。这份产业，即便我流落荒岛多年，也一直为我拥有，并很好地发展，直至最后我从荒岛逃离回国，重新让我拥有自己的一切。

我在荒岛的生活，不堪回首。所以流落荒岛，也是因为那份产业——巴西种植园。因为产业经营甚好，我结交了几个商人朋友。他们打算搞一条船到几尼亚做黑奴生意，而我有这方面的航海经验，于是顺理成章被推举为最佳人选。我经不住利益的诱惑，终于再一次冒着风险踏上航程。天知道，这一去，就是27年两个月零19天。这一次出航，是1659年9月1日，可是之后重回英国却是1687年7月11日。期间，除了离开荒岛在大海上航行的半年多时间，余外全是在一座荒岛上度过。没有什么奇怪，我们在出航的第12天的时候，才穿过赤道，我们便遭遇到前所未有的一股飓风，一连12天，最后我们的船没了，我们的小艇也没了，我的同伴们也是一瞬间便被滔天的波浪给吞没了。

等我醒来的时候，我已流落荒岛。我们的船远远地被搁浅。至于其他船员，也不见踪迹。你可以想象之后我所面临的困境，可是我没有放弃自己，凭借顽强的意志、与生俱来的智慧和辛勤的劳作，我开荒种地、砍树建房、圈养山羊、修造船只。结果，凭借自己积极乐观的人生态度，我不仅让自己活了下来，还救出一个险些被野人吃掉的俘虏"星期五"。更妙的是，因为星期五的缘故，我们正着手去搭救一批沦

落在野人圈领地的西班牙船员时，意外发现一艘货船正被劫持，于是我又巧妙设计救出船长及大副，挽救了船只，保证了船上所有善良人们的性命。而我，因为这位船长的船，也就自此结束了我20多年的荒岛生活，回到自己的祖国。

这该是一个很不错的结局，对吧？但是，你可能料想不到，之后我又故地重游，好几次去了那座荒岛。不为什么，那是我开辟出的世外桃源，我的领地，有我太多的留恋与回忆。

女生贾梅全传

秦文君 | 著

　　贾梅是个女生。在小伙伴那里，别人都是一家三口，在她却是一家四口。莫怪，较之于其他什么人，她只多出一个哥哥。这位名叫贾里的哥哥，其实只比她多出生几分钟。但仅仅因为这多出来的几分钟，贾梅却时常不得不对他生出许多敬意。

　　就拿家里才开展的"禁烟运动"来说吧。在贾梅看来，是个男子汉就应该抽烟，甚至还可以有个木制的烟头。特别是她那当作家的爸爸，不抽烟简直毫无风度可言。这个观点，贾里深表赞同，甚至称其为真理。但不幸的是，突然有一天，妈妈郑重宣布要爸爸戒烟，并且刻不容缓，就从下周一开始。对此，兄妹俩很是不以为然。有那么一阵子，他们甚至以为爸爸太失风度，活得哆哆嗦嗦，一点儿骨气也没有。可是，不论他们怎样旁观，禁烟运动照常进行。妈妈的理由很简单，爸爸患了心脏病，遵医嘱，戒烟势在必行。

　　但哪有那么容易。周一到了，是吧？下了班，妈妈在蹑手蹑脚摸进家中，突然就打开书房门。结果怎样呢？当然一无所获。不奇怪，爸爸有手表，他早算准了妈妈下班回家的时间。没看到抽烟现场，但书房的确有烟味。只是，爸爸拒不承认，只说这是历史遗留问题。但接连几天过去，书房的烟味仍旧很浓。妈妈只好悄悄找来贾梅，请贾梅做自己

的眼睛。贾梅不愿做告密者，但鉴于爸爸的病情，她勉强做了一回监督员。果然，第二天贾梅发现问题。原来爸爸仍旧在抽烟，只不过由地上转为地下。他再不会把烟盒放在口袋里坐等妈妈一逮一个正着，他会分散放在几个秘密的地方，床底下，或是长久不用的空花瓶里。于是，只要他想，他总会就近取材，变戏法似的立刻就变出烟来。只不过，早上和晚上，他从来不抽。但一个周日，中午爸爸熬不住，借口外出散步抽烟时，被尾随其后的妈妈抓个正着。之后可想而知，爸爸的秘密存烟处自然被妈妈来了个彻底大扫荡。爸爸呢？态度毅然决然，庄严宣布戒烟。

　　妈妈以为至此，戒烟就该告一段落了。毕竟当事人都已经明确表示积极配合了，对吧？可是，出乎意料，爸爸很不幸被贾里一语说中，"男人么，都喜欢表态，可表完态就忘了"。爸爸此后的确没有留下任何蛛丝马迹。但一个周日，妈妈说要庆贺爸爸戒烟成功，准备了一桌好菜兴冲冲去书房请爸爸的时候，她突然就尖叫起来。原来爸爸来不及掐灭烟头，把它藏进被子，妈妈进去的时候，被子正吐青烟。妈妈很沮丧。兄妹俩却不以为然，甚至贾里以为"男人么，总是得有点自由的"。但妈妈说，爸爸患的是心肌炎，非同一般，再让爸爸抽下去，就等于在害他。兄妹俩吓得不轻，于是贾里决定出场。

　　之后的几天，贾里很疯狂。比如他把爸爸设为X，把自己设为Y，据说是要发明一种方程式解决禁烟问题。终于，有一天他一拍大腿："有了，我得用一个离心计！"听起来像是个动刀动枪的阴谋，其实很简单。这不，他只从同学那里借来一台电子游戏机和两张游戏卡。等装好了，立刻拉了爸爸过来体验。不过，爸爸玩了一阵，就想下场。贾里不

让，非要和爸爸决一雌雄，于是父子俩就你胜一场我输一场打得不分上下。妈妈着急，怕父子俩上瘾，责令第二天贾里必须还掉人家。但第二天贾里没有舍得还掉，第三天也没有还。这下可好，爸爸还是钟情于他的香烟，贾里却对游戏机上了瘾。每天只要父母睡下，他就鬼鬼祟祟爬起来猛玩一阵，有时甚至一玩就一个通宵。渐渐地，贾里露出破绽，因为班主任发现这个精明的孩子突然变成了瞌睡虫，作业的失误越来越多。事情最后败露，是因为有一天夜里爸爸忘了吃安眠药，突然起床发现小屋里的厮杀声。父子俩做了一个纯属男子汉内部的长谈和协商，结果是决定同时戒掉嗜好。那些天，家里有点天翻地覆。爸爸老唱"山是高昂的头"，张嘴就打哈欠，不带半点雄风；贾里老唱"北方的狼"，腔拖得很长，像足了一只孤独的狼。

这个过程虽然很痛苦，但因为各自坚持，最终一起宣告成功。只是事后，贾里却吹牛一切都在他的方程式预料之中。并且，还大言不惭，说自己要比爸爸更胜一筹，因为戒游戏机比戒烟要难百倍。对此，贾梅一笑了之。因为她一直以为即使非凡的人也会有些小毛病。更何况，这个和她朝夕相处的哥哥，每天都在演绎诸如此类的故事，她早见怪不怪啦。

我的妈妈是精灵

陈丹燕 | 著

我的家发生了惊天动地的大事件。

这是一个和往常并没有什么两样的傍晚。晚餐开始，我为爸爸倒酒，为妈妈倒可乐，为自己倒雪碧。我们家三个人，每天吃饭都坐自己的椅子，用自己的杯子。但这个晚上，等我发现自己搞错的时候，已经迟了，我把妈妈的杯子里居然倒了点爸爸的黄酒。要知道，妈妈从来不喝酒，甚至醉虾也不吃。结果，出大事情了：妈妈喝了她的沾了一丁点黄酒的可乐，突然推开桌子就跳将起来。紧接着，爸爸也跳将起来，他一把接住了妈妈。然后，我就看见妈妈的身体像一块最轻的绸子轻轻挂下来，妈妈的双腿居然像绸子被风吹过那样飘了起来，她的两只脚开始变成蓝色，最后变成透明也飘了起来。最后，妈妈整个成了一团蓝色的影子……

原来我的妈妈是精灵。其实，爸爸早就知道。早在我出生的那一年，他就发现不对劲，因为妈妈不要去医院，她怕酒精。她一见酒就会变回原形，就像传说中的白娘子那样。所以，你可以想象在我知道事实真相之后有多么害怕与不安。那一夜，爸爸陪着我度过。可是，等次日醒来，妈妈又恢复原来的样子。妈妈告诉我，他们是住在另外一个空间里的人，她们会走会飞，但也更脆弱，因为没有情感，他们很轻很轻，

215

一阵风都能将他们吹飘起来。她所以来到这个世界，就是为了寻找感情。就这样，她遇到了爸爸，然后和爸爸恋爱、结婚，接着又有了我。听起来，一切都是那么和美。可是，就在我和妈妈在空中乱飞一气，忙得不亦乐乎的时候，爸爸说话了，他说他要和妈妈离婚。理由是，他不想和一个不是真正的人生活一辈子。后来，我才知道，在我出生那一年，他们就有了一个协议：等我知道了妈妈真相的时候，就离婚。好在，之后为了能让我上强化班的事情，爸爸暂时将这个念头搁置。

但是，等到强化班考试一结束，爸爸又旧事重提。为了捍卫完整的家庭，挽救爸爸妈妈即将离散的婚姻，我向好朋友李雨辰求助。在这位未来离婚问题专家的指引下，我试着让自己生病，半夜跑起来把自己浑身淋湿然后对着20℃的空调吹，想以生病的方式增进爸妈的凝聚力，可遗憾的是，我居然没有生病成功。接着，我又试图充当一个满口甜言蜜语的家伙，在爸妈面前两面说好话，哄死他们不偿命，但我还是以失败而告终，因为我根本做不来。之后，我又尝试学着做坏小孩，偷偷在家抽烟，尽买些奇装异服穿在身上，但都无济于事。才买一包烟刚刚抽了一支，便被爸爸发现扔进马桶冲掉。我要多少钱，爸爸都居然给。我穿的不伦不类，像根霉干菜回了家，爸爸居然笑着对我说："不错不错，蛮节约布的。"我气死，忍无可忍，和李雨辰决定夜不归宿。其实，那一夜，我们很惶恐。我们在一个永和豆浆店准备蹭到凌晨四点。但才过半夜，便被他们叫醒，原来我们熬着熬着居然就睡着了。他们让警察送我们回家。庆幸的是，这一次值了。因为爸爸最后终于妥协：永远不提离婚。

生活好像又回到原来的样子。但事实上，根本不是这么回事。爸爸

不再像从前那样快乐，妈妈也是，而我整天穿插在爸妈之间，看到他们各自心伤，更是开心不起来。而就在这个时候，家里又发生另一件惊天动地的大事件：我意外发现每天半夜储藏室的门会响，原来是妈妈悄悄进去杀了青蛙喝下它们冷冷的血，这是精灵在人间存在下去的能量。而正因为爸爸看到了这个真相，他才觉得不能和妈妈再生活在一起。

妈妈最终还是走了。因为她不想看到我们终日伤心的样子。那是一个黄昏，在她妥帖地安排好家里的一切，甚至是在把我18岁之前所有的四季衣服都准备好了之后，我们一起走进"精灵车站"。她突然就消失了，像街上的雾气一样，以至于爸爸都没来得及给她一个拥抱，我还未来得及与她说上一句话……

少女的红发卡

程玮 | 著

天底下，有许多事都是猝不及防的。比如说，这个傍晚，刘莎放学才走进院子，便看到叶叶的爸爸被一辆吉普车带走。据说，是因为经济问题。但这个院子里的老老少少，没有一个人相信。因为一直以来，叶叶的爸爸都是全院子里人缘最好的一个。不仅如此，叶叶妈妈的人缘也好，哪家孩子求她辅导功课，她从不拒绝。

可是，叶叶爸爸被带走这事终究成为事实。庆幸的是，叶叶并没有看到这一切。叶叶患有青春期抑郁症，两年前曾为了一次数学考试不及格而自杀过。人们无法想象叶叶知道这件事之后会是什么样。叶叶爸爸临走的时候，显然意识到了这一点。于是，他什么也没有交代，只是请求大家一定别让叶叶知道这事。尤其耐人寻味的是，他把最后的目光落在了刘莎身上。

刘莎是叶叶的好朋友，还是叶叶的同班同学。所以，她责任重大。其实，这一日晚归的叶叶，路上就感觉到了不对劲。她去买一张心爱的贺年卡，准备给爸爸一个小小的惊喜，突然就感到心虚虚地跳个不停。然后，她慌慌张张回家。邻居们反应照常。但她明显感觉到家里的凌乱。妈妈说，爸爸去美国了，可能一年、半年或更短。叶叶不知道是喜是悲：也许是冥冥中注定的事，现在的爸爸就像刚买的贺年卡上那只断

线的风筝，飞走了……

晚饭的时候，叶叶的妈妈悄无声息突然出现在刘莎的面前。她认为刘莎是最重要的一个人，因为她和叶叶接触最多，她请求刘莎一定要帮助她瞒着叶叶。刘莎郑重其事地起了誓，她觉得自己责无旁贷。于是，一场谎言从此拉开了序幕。除了叶叶，叶叶周边所有的人都是主角。叶叶妈妈，刘莎，院子里的邻居，但凡叶叶所熟悉的每一个人，只要知道事实的真相，都在竭力扮演着各自重要的角色，而努力不让叶叶受到伤害。甚至于，刘莎还动员了她的钢琴老师——大学生李佳同。最后不得已，又牵出另一个女孩子——远渡重洋嫁作老外的濛，李佳同的曾经女友。因为叶叶觉得哪里不对劲，爸爸都走了两个多月了，却一封信也没有给她寄。她圣诞节寄给爸爸的贺卡，爸爸也没有回。她告诉刘莎，自从爸爸走后，她再也没能安安静静地睡上一觉；再也做不到了，除非枕着爸爸的来信。

李佳同没有让刘莎失望。虽然他已经决定断绝和濛的关系，但关系到拯救一个女孩子，他还是一边痛，一边提起了笔。当然，濛也没有让李佳同失望。她很尽力地扮演着一个身在美国的中国爸爸的角色，给女儿叶叶写了一封又一封的信。当然，都是用英文写的，并且都是打印稿。她怕出现语法错误，甚至还邀请了自己的美国丈夫麦克尔给予特别帮助。时间一天一天过去，尽管每一个人都觉得如履薄冰，但好在一天一天都平安过去。尤其让人欣慰的是，叶叶似乎一天比一天快乐，她甚至拿出爸爸的信与大家一起分享。

要不是班主任蒋老师，要不是同学唐伟，也许日子会一直这样下去，平静，安详，快乐。可是，有一天，蒋老师说漏了嘴，接着唐伟又

说漏了嘴……

　　所幸，叶叶又一次自杀未遂。因为刘莎及时出现。一个午后，妈妈惊喜地告诉叶叶，爸爸要回来了。爸爸真的回来了。那个阳光明媚的日子，叶叶和妈妈一起去接爸爸。阳光下，清瘦、苍老了许多的爸爸，从包里掏出去年买的却未来得及送给女儿的红发卡，很深情地戴在女儿的头上……

　　这是一个关于少女的故事。甜蜜，温馨，也不乏苦涩。读着读着，不经意间，你就读会到自己，抑或身边的那些女孩儿们。亲切，敏感，又不乏生活的气息，不是么？

米兰的秘密花园

程玮 | 著

当一个人慢慢地，慢慢地，长得越来越大，伴着对生活有越来越多体察和感悟的时候，他便会有越来越多的疑惑。于是，无论你我，便总会希望这时候会有那么一个无所不知的人突然出现，然后给予我们答案，把我们一步一步指引向正确的方向。遗憾的是，你我都不曾有这样的幸运。可米兰不，一个周末，因为一个偶然的机会，她走进了一座秘密花园。

米兰是个生长在德国的中国女孩。星期六的早晨，她带着妈妈给她的5欧元走在去好朋友娜塔利家的路上。5欧元是妈妈的特别拨款，因为娜塔利的妈妈过生日，妈妈希望米兰给她买一束花。路上，经过一个周末集市。街道的尽头就是一个卖鲜花的摊子。米兰很享受走在集市上的感觉。沿街的集市什么都有，新鲜的蔬菜、水果，还有人演奏音乐。尤其让米兰欢喜的是，还有棉花糖、无花果、冰淇淋可以买。结果，一路走过，到花店的时候，米兰只余下了1欧元。花店的玫瑰，一支就需要2欧元。米兰只好一步一回头生气地离开。她生自己的气，也生花摊的气。

穿过周末集市，再走过一条短短的小街，就是娜塔利的家了。两手空空的米兰越走越慢。娜塔利的妈妈对米兰真的很不错，她经常带着娜

塔利和米兰一起去看电影，每次都要给她们买很大一袋爆米花，怎么吃也吃不完。以至于，很早很早的时候，米兰就在想，等到娜塔利妈妈过生日的时候，一定要给她一个大大的惊喜。可现在，因为嘴巴忍不住，不要说大惊喜，小惊喜也没有了。她怅然若失地向前走着。忽然，她停了下来。因为在一片茂密的树丛后面，有一座房子吸引了她。确切说来，吸引她的不是房子，而是房子墙上开满的大大小小的玫瑰花。玫瑰花开得那么密，差不多把窗子都挡住了。米兰心里不由轻轻一动：这么多的玫瑰挤在一起，过不了几天就都谢了，实在是太浪费太可惜了。她不贪心，只要挡住窗子的那几朵玫瑰就可以了。她觉得这样对大家都有好处：她有了给娜塔利妈妈的花，而这座房子里面也会因此亮堂一点。米兰一点也没有犹豫，推开树丛后面木栏杆间的一个小木门就走了进去。

她走得很小心，尽量不踩踏花园草坪上开满的星星点点的小花。她轻轻地敲草房子的门。没有人应答。她再敲，居然敲开一条缝。米兰推门进去，唤一声，没人应答。唤第二声，还是没人应答。唤第三声，才突然传来一声："嘘！"米兰转身一看，原来是一个老太太。"有一朵玫瑰正在开，你这么喊，打扰它了。"老太太把手指贴在嘴唇上，声音压得很低很低。这就是爱丽丝，这座秘密花园的主人，一个个子小小的德国老太太。她批评米兰：花开得再好看，也不是随便进入人家花园的理由。可出乎意料，最后她却给米兰准备了一大束鲜花。因为她曾看到米兰走过花园时，为了努力不踩踏到那些小花，是那样的小心翼翼。其实，这一次之后，米兰和爱丽丝几乎每个周末都要在这座秘密花园相遇一次。只不过，这一对忘年交在一起，通常只做一件事：聊天。

对，就只是聊天。不过，聊天与聊天不同。看似都是些简单琐碎、司空见惯的生活细节，却因为爱丽丝，每一次都会变得别有意味，意趣横生。譬如，怎么跟人交谈，怎么在人群中吸引别人的注意，怎么去别人家做客，怎么对待客人，怎么给别人送礼物，送什么礼物，怎么在名品店买东西，甚至包括敲门的方式、坐的姿势、说话的语气和餐具的使用等等。总之，一句话，怎么做一个受人欢迎的人，让这个世界因为你的存在，而变得美好，变得温馨，哪怕只是微不足道的一点点。这些都是谈话的主题。没有说教，只是故事，只是经历与分享。没有刻意，只是随兴，只是对话与质疑。

于是，读着看着，听着想着，不仅仅是米兰，任一路边走过的人，都要忍不住侧耳和凝神。因为爱丽丝是一个梦想：她不只是妈妈，不只是老师，也不只是姐姐，而是这三者的合一，是每一个童年中所梦寐以求却又希冀不得的女性。而此刻，她温柔友爱地为米兰解答人生的一切，也为今天的我们。过去，我们错过。庆幸的是，我们现在还有机会邂逅。而事实上，读过了，我们方才知道，周末与爱丽丝聊天，聊的又岂止是"礼貌礼仪"。

赛里斯的传说

程玮 | 著

学期最后一天，校园里到处洋溢着节日的气氛。这个日子，本该是即将举行成人礼的高年级学生最让人羡慕嫉妒，因为他们即将开始人生的第一次独自远游。但出乎意料，尽管还是低年级的学生，这一次米兰却成了校园里最显眼的人物。

米兰是个在德国长大的中国女孩。她每年暑假都要回中国。每次回中国，妈妈都要带着她去很多地方走走看看。学校的同学从来都不会把米兰的暑假计划当回事。可她这次暑期丝绸之路之旅，却成了校园里的热门新闻。班主任彼得老师甚至还说，他第一次计划独自出门去旅游，第一个目标就是丝绸之路。耳闻目睹着同学们的津津乐道，以及老师的兴致勃勃，米兰不免纳闷。尤其让她郁闷的是，明明是中国的丝绸之路，居然有学妹告诉他，这是一个德国地理学家命的名。她本以为这只是一说，不想，彼得老师也说事实的确如此。她最好的朋友爱丽丝还告诉她，这不仅是事实，在古罗马时候，中国根本就不叫中国，而是赛里斯，即"丝绸国"的意思。

米兰有很多不解。好在，随着丝绸之路近在脚下，随着妈妈循循善诱的讲解，那些个古老而美丽的传说一个个恍如昨天，若在眼前。譬如黄河第一桥，早在1907年之前，它只是一座浮桥，用24只大船排列在

河面上。船与船的间距为5米，用长木相接，铺上板，后围上缆绳。再南北两岸竖上铁柱和大木桩，以两根粗绳把船固定。这种浮桥属于季节性的桥，每年11月份黄河结冰前必须拆除，而到了次年春天又必须重新搭建起来。

又譬如史书上所说的张骞凿空西域。西域的概念一直在不断变化，汉时指玉门关、阳关以西的地区，隋唐时扩大到拜占庭、波斯等地。而及至元朝，则把欧洲、非洲的一部分也包括在内了。而凿空，其实是"凿孔"。公元前138年，张骞奉命出使西域，试图联合大月氏人一起对付匈奴。不料，出使队伍出阳关不久，便被匈奴抓了起来。之后，张骞虽然辗转成功出使大月氏，但事与愿违，大月氏并不想联合汉朝对付匈奴。张骞出使失败，但凭借他对西域的了解，汉朝军队最终获得与匈奴大战的胜利。公元前119年，张骞第二次出使西域。这一次，他为汉朝赢得乌孙国的友谊。自此，西北各国陆续开始与汉朝的友好往来。凿孔的意思，就是张骞在当时自以为是世界中心的汉朝人的想象力上，凿出了一个孔。通过这个孔，中国看到了外面的世界。张骞两次出使西域，虽然都未达到预期的军事目的，但西域开通以后，其影响远远超出了军事范围，开拓出一条从敦煌，出玉门关，进入新疆，再从新疆连接中亚西亚的一条通道。从此，使者、商旅牵着骆驼，满载东方丝绸、铁器和西方的珍宝特产，西去东来，走出了横贯欧亚的丝绸之路。

再譬如中国最早的丝绸居然相传始于黄帝的妻子嫘祖。一天，嫘祖正喝茶，一个桑蚕的蚕茧掉进了她的茶杯里。嫘祖想从热茶中捞出蚕茧，没承想，无意中竟然拉出一根长长的丝线。于是，嫘祖就成了中国神话中的丝绸女神。然而，事实上，中国最早的丝绸证据是出现在陕西

仰韶文化遗址上。届时，一名考古队员从一堆残陶片和泥土中发现一个被锋利的刀削去一半的丝质茧壳。经鉴定，这是被驯化了的桑蚕，诞生在公元前4000到公元前3000年间。之后，人们又在湖北马山周期坟墓内发现绣花丝绸薄袍碎片，离今至少2300多年的历史。

当然，米兰从这次丝绸之路之旅中知道的，还有很多。比如说，古汉语中表示丝绸的汉字居然有23个之多；比如说，古时于阗国没有桑蚕，会想到借与中原皇帝求亲的方式，让公主把桑蚕种子藏在帽子里带出中原；比如说，是两个印度僧侣让古罗马最终摆脱了丝绸进口只能依赖波斯的局面，获取到中国蚕桑和养蚕的方法，并由此促进西方桑蚕和丝绸兴盛起来；比如说，信仰佛教的国家不忍心把蚕茧煮死抽丝，而是等到蚕蛹长大咬破蚕茧飞走之后才进行抽丝，于是生丝织品出现；比如说，隋炀帝除了疏通大运河和开创科举制度之外，对扩大丝绸之路的贸易还作出很大的贡献，举行过万国博览盛会；比如说，除了陆路的丝绸之路之外，还有从蓬莱、淮安或宁波出海往朝鲜、日本，或是从扬州、明州、泉州或广州出海往印度洋、红海和东非的海上丝绸之路；比如说，历史上居然真的有楼兰古国，就在敦煌西边的塔克拉玛干大沙漠中；比如，莫高窟的缘起居然是始于一个名叫乐僔的出家人在鸣沙山的奇遇……

所以，你完全可以想象米兰心中的感动与震撼。以至情不自禁，敦煌之夜，米兰用书信的方式告诉远在德国的忘年之交爱丽丝："我正在仔细清点着故乡的珍宝。我第一次发现，原来我们非常富有……"妈妈说，这是一个确认了自己文化上归属的女孩子，从此将渐行渐远。那么，你会怎样看呢？不急，等你来读，然后我们一起来谈。

草房子

曹文轩 | 著

桑桑是油麻地小学的一名小学生。他的父亲就是油麻地小学的校长桑乔。

桑桑的家住在油麻地小学的校园里，是一幢草房子。油麻地小学是清一色的草房子。教室、办公室、老师的宿舍，或活动室、仓库什么的，都是草房子。事实上，油麻地一带的富庶人家都盖这样的草房子。桑桑从一年级开始，直到六年级，一直生活在油麻地小学的草房子里。草房子见证了桑桑刻骨铭心、终生难忘的六年小学生活。六年中，他亲眼看见或直接参与了一连串看似寻常却又催人泪下、撼动人心的故事。

秃鹤原名陆鹤，一直是桑桑的同班同学。因为是个十足的小秃子，孩子们就都叫他秃鹤。秃鹤起先并不以为意。可是三年级的一天，他忽然在意起来。自此，他便不再快乐了。大人和孩子们没少取笑他。于是，在一次汇操比赛中，他以露出秃头的特有方式使油麻地小学的队伍失去了控制，从而报复了所有人对他的轻慢和侮辱。结果，换来是大家对他的冷落。他想讨好人家，可是没人给他机会。出乎意料的是，在春节期间举行的全乡四十所中小学的文艺会演中，秃鹤却为油麻地小学争得了极大的荣誉。演罢，大家都沉浸在喜悦的氛围之中，秃鹤却悄悄地离开了会场。找到他的时候，是在小镇码头最低的台阶上。校长桑乔

说，回家了。秃鹤却未语泪先流。于是，所有的孩子就都哭了。

纸月是个孤儿，出生一个月后，母亲就死了。至于她的父亲，没有人知道究竟是谁。于是，她只好一直跟着外婆生活。一天，她从很远的板仓小学转到油麻地，成了桑桑的同学。奇怪的事儿发生了。一向邋遢的桑桑开始注重起自己的形象。纸月慢慢与大家熟悉起来，和同学们相处得十分融洽，可是却从不与桑桑说话。而桑桑却总是可以留意到有一双眼睛在时时注视着他。初冬的一天，北风刮得厉害，桑桑妈妈留宿了纸月。这一夜，五年多没有尿床的桑桑尿床了。为了纸月，桑桑斗过刘一水，斗过朱小鼓。纸月最终走了，在那个大雪纷飞的黄昏。桑桑眼望着渐渐模糊在风雪中的纸月，发疯似的追打着他心爱的鸽子，禁不住泪眼蒙眬……

这里有不幸少年与厄运相拼时的悲怆与优雅，残疾男孩对尊严的执着坚守，垂暮老人在最后一瞬所闪耀的人格光彩，在死亡体验中对生命深切而优美的领悟，大人们之间扑朔迷离且又充满诗情画意的情感纠葛……这一切，既清楚又朦胧地展现在少年桑桑的世界里。这六年，是桑桑接受人生启蒙教育的六年。如果走进，相信你也将与桑桑一起喜、一起忧，一起笑、一起泪。

细米

曹文轩 | 著

细米是一种米吗？不是。非但不是，而且与任何粮食、甚至是与任何吃的东西无关。

细米不过是稻香渡村土生土长的一个乡野孩子。说他野，没有半点冤枉他的意思。六岁，他拿了一把雨伞爬上树，然后把雨伞撑开往下跳，结果摔在地上，把一只胳膊摔断了。八岁那年夏天，和小伙伴在地头水塘捉鱼，水深捉不到，他就把通往小河的缺口挖开，结果一大片稻田里的水都干了。殊不知，那是稻子正要水的时候……因为淘，三天两日，便有人找上门向他的爸爸妈妈兴师问罪。没有办法，爸爸妈妈只有打。可鸡毛掸子都打折过好几把，他还是往死里淘。

更要命的是，细米似乎是得了什么病，一天不刻东西，就一天手痒痒。所以，妈妈与他说得最多的话，莫过于"刻！刻！刻不死你！"刻哪儿呢？一切能够刻的东西，从桌子到窗户的框子，到床头，到柜子，到椅背，到墙上的砖，他都刻。正像妈妈所说的，屋里没有多少好地方了。如此也就算了，不能罢的，他居然又刻到了院门，刻到了祠堂的廊柱，刻到了……谁也阻止不了他。妈妈扔过他许多的刻刀。可他的刻刀到处都有。猫洞里，门头上，褥子底下，教室的课桌里……藏到最后，连他自己也搞不清楚他有多少刻刀。总之，只要他想，几乎是随时随地

就能找到刻刀。

有一天，一个来自苏州城的名叫梅纹的插队女知青介入了细米的生活。因为她分到了细米家。当然，细米并非不情愿。恰恰相反，这是他的最想。其实，梅纹踏进稻香渡的第一天，细米的目光便定在了她的身上。他感觉似乎在哪儿见过她。奇怪的是，梅纹居然也有同感。在细米的引导下，梅纹几乎参观了细米所有的"作品"。细米眼里的世界，让她感到新奇、迷惑，甚至是不可思议。于是，她开始教他学雕塑。她将他家的储藏室改造成工作间，并进城为他买了一盒雕刻刀，她给他讲她从她父亲母亲那里听到或看到的东西……

慢慢地，慢慢地，人们发现细米有了许多的变化。路上遇着三鼻涕，他不再唤三鼻涕，而直呼他的全名"朱金根"。一天正吃晚饭的时候，大家伙忽然就听到正在洗澡的他在喊叫："妈！我要块香皂擦擦身子！"其实，他原来常常是十天半个月不洗脸的……

静悄悄的，因为一位仿佛来自天国的女孩儿，一个桀骜不驯的少年渐渐就像换了一个人，慢慢步入他新的成长历程。

丁丁当当·黑痴白痴

曹文轩 | 著

麦花嫁到油麻地的时候，整个油麻地的人都承认丁旺娶了个漂亮的媳妇。麦花漂亮，还特别能干，里外都是把好手。不仅庄稼地里活儿样样做得漂亮，还帮着老人把家里整理得一尘不染。尤其让人眼馋的是，麦花做针线活也有一手，并且做得比谁都好。丈夫丁旺人老实，但勤劳，一年四季，不论严寒酷暑，永远都在汗淋淋干活。奶奶也手脚麻利，很会持家。于是，在爷爷去世之前，丁旺家便已是油麻地少有的富裕人家。

然而，天有不测风云。麦花十月怀胎，居然产下一个傻子。当然，起初一家人并不知晓。一家人自从有了一个小家伙，一直沉浸在无边无际的幸福之中。可是，随着孩子一天天长大，全家的疑虑也在一天天增长。都两岁了，他就是不说话，一个字也吐不出。全家人耐心地等着。但到了三岁，他还是不会叫爸爸妈妈。长到四岁的时候，突然一天早上，他从嘴里冒出一句："妈妈！"说得有点儿费力，但一字一字，清清楚楚。后来，他又能冒一句"爸爸"。不过，他好像并不特别清楚"爸爸"和"妈妈"的称呼只是针对两个特定的人，他有时叫奶奶也是"爸爸"或是"妈妈"。甚至于，他对一个其他的毫不相干的人，哪怕只是一棵树一条狗，也会叫"爸爸"。

101 个约会

他喜欢外面的世界。他一岁半就能到处跑，麦田，河边的林子，村巷的尽头，常常需要奶奶花很长时间，才能把他抓回来。他喜欢一个人玩耍，一棵大树或是一群蚂蚁，他都能玩上半天。很多时候，他只是呆呆地看天上飘动的云、河里游过的鸭子或是风中一根上下翻飞的羽毛。但妈妈实在受不了外面那些异样的目光，她开始少出门，并把他关在院子里。他拍门，撞门，爬墙，然后累了倒在地上呻吟、号啕、尖叫。接着，再来一阵。有一次，他甚至举块砖头砸了酱油缸……屁股少不了会挨妈妈的打。但奶奶抹抹眼泪，最终拗他不过，打开院门将他放了出去。一出院门，他就"嗷嗷嗷"地欢叫起来……

考虑到丁丁的未来，妈妈又生了一个孩子。孰料，祸不单行，又是一个傻子。只不过，丁丁瘦，当当胖；丁丁黑，当当白。当当一岁了，他不说话。当当两岁了，像当年的丁丁一样，不吐一个字。但这并不影响他玩耍。但他很少跟其他小孩子儿一起，总是跟着哥哥，哥哥去哪儿，他去哪儿，俨然哥哥的小尾巴。当当在长大，他和当年的丁丁一样，不会数数。医院的诊断，让妈妈更少出门。但这丝毫没有影响丁丁和当当的生活。他们仍旧一大早就跑出去，为油麻地的老老少少们演出：脱得一丝不挂，在风中狂奔；两人各据一个坟头，一坐一个上午；学狗叫，从早晨直叫到睡觉；累了，躲进一老汉的空棺材，一睡就是八个小时；喜爱收拾棍棒，逮着就往家里扛；拿人家的鞋子，不论男女老少；半夜里，还会突然想起来跑去坟头捉鬼火……

有一次，哥俩玩过了火，划着一根火柴烧着一大片即将成熟的麦子，以至于奶奶拄着拐杖跪地向乡亲们谢罪。不久，妈妈不见了。奶奶在妈妈的柜子里发现两个大布包。打开，都是两个孩子的衣服，里里外

外，一年四季的，都有。一共四套，而且四套都不一样大。不久，爸爸也走了。爸爸因为连日劳累，从窑上摔下摔死了。但村里人都说，爸爸不是摔死的，而是累死的。为能让两个孩子好好活着，爸爸原想在奶奶和自己死后，给他们积蓄一大笔钱，他整天操持在窑上，连回家吃饭的工夫都没有。

傻子其实不傻。每天傍晚，丁丁会往家里搬一切可搬的东西。鸡、猫、狗、羊，一切活物都要赶回家。甚至那些个没有生命的东西，凡是他家的，他都要尽数搬回家。板凳，水桶，竹篮……即便是奶奶不慎丢在野外的拐杖，他半夜里想起来，都要起床冒着大雨给捧回来。爸爸在窑上做工顾不上吃饭，兄弟俩一根竹竿一前一后抬着篮子送了去，一路小心翼翼，从不泼洒。妈妈不见了，爸爸走了，他们就跟着奶奶，听奶奶的吩咐，帮奶奶干活，拾麦穗，捡柴火，拾棉花，打猪草……

村里人说，全村最懂事的两个孩子，其实就是这两个傻子。但谁能想到，正说着话的时候，一次赶集，奶奶去街边给两个孩子买玩具枪的时候，丁丁和当当却被人流给冲散了……

根鸟

曹文轩 | 著

十四岁的根鸟，第一回独自一人去深山打猎。他原想让父亲、整个菊坡的人都大吃一惊。遗憾的是，整整一个上午过去，他一无所获。但他依然坚持他的寻觅。就在他预感这一天的结局是多么无趣的时候，突然一只白鹰闯入他的视野。他原不想打那只鹰。可是，那只鹰阴魂不散地逗引着他，直至把他激怒，向它举起了黑洞洞的枪口。

一声震耳欲聋的枪响之后，白鹰倒在了岩石之上。走近去看，结果出乎意料，根鸟在鹰的腿上发现一张写满了字的布条："我叫紫烟。我到悬崖上采花，掉到了峡谷里。也许只有这只白色的鹰，能够把这个消息告诉人们。它一直就在我身边待着。现在我让它飞上天空。我十三岁，我要回家！救救我，救救我，救救紫烟！"根鸟感觉这是个女孩的名字。但根鸟和父亲离开菊坡一路打听下去，毫无结果。根鸟放不下，整天脑子里想的都是紫烟。夜里无法入睡，第二天，他就去了三十里外的县城。

久违的县城依然繁华热闹。根鸟无心观望一切，进了城门，他就一路靠着街边走，他只关注哪儿有没有寻人启事。他很执着，走完一条街，又再走一条街。走了竖街，又走横街。只要是寻人启事，哪怕只是一张纸粘在那儿，他都要凑近了去仔细看。有一回，他果真看到一张寻人启事介绍的情况与紫烟的遭遇相似，于是不顾长途跋涉，兴冲冲找上

门。但没想到，等到根鸟到达的时候，人家的孩子早找到了。根鸟再回到菊坡的时候，已是半夜。父亲一直守候在村口。回到家，父亲热了饭菜，但根鸟并不想吃东西，心里只是想着紫烟。

一天夜里，一个大峡谷出现在根鸟的梦里。那是一个长满了百合花的峡谷。同时出现在根鸟梦里的还有一棵银杏树，当然还有紫烟。紫烟的形象清晰无比，清晰得连瞳仁都被根鸟看到了。只是天一亮，一切都消失了。但根鸟听清楚紫烟消失之前发出的最后一个声音：救救我。自此，根鸟不是絮絮叨叨，就是不管干什么事情都会不由自主地愣神。吃饭的时候，他会忘记在吃饭；上课的时候，他会灵魂出窍。紫烟还是会出现在根鸟的梦里。但还是清晨公鸡叫出第一声之后，一切就都又消失了。

根鸟将两次梦境告诉了父亲。父亲静静地听。那时候，父亲手里正抱着一抱柴火。当根鸟不再言语的时候，父亲手里的柴火哗啦啦掉了一地。然后，父亲还是空着双手站在那儿。只是，早饭后他给根鸟收拾行囊。而根鸟放下碗筷，就一直在院子里劈柴。劈好的木柴就码放在院墙下面，高高的一堆。当父亲过去捡起地上根鸟的衣服，说"天凉"的时候，根鸟告诉父亲："这堆木柴，够你烧一个冬天了。"父亲说，只管去吧，这是天意。当秋天走完最后一步，山野里一片枯瘦与苍茫的时候，根鸟真的离开了菊坡。他一直往西走。因为直觉告诉他，那个长满百合花的大峡谷就在遥远的西方……

谁都不知道前方会有些什么。根鸟当然也不知道。荒漠，草原，大山，村落，峡谷，小镇……这期间，根鸟有恍惚，有迷乱，甚至有摇摆，但始终执着向前，无所畏惧。动力，不过是根写满字的布条，还有经常在半夜里不请自来的长满了百合花的大峡谷，还有一个名叫紫烟的姑娘。

佐贺的超级阿嬷

【日】岛田洋七 | 著，陈宝莲 | 译

"因为没有钱，所以不幸福。"当几乎所有人都被这种想法牢牢拴住的时候，佐贺的阿嬷却不这样想。她怎么看呢？"事情是好是坏，完全看人怎么去想。""幸福不是由金钱左右的，而是取决于你的心态。""就算真的没钱，只要心境乐观，也能活得舒坦。"……佐贺的阿嬷是一个清洁工，却独自抚养两男五女共七个儿女，并坦然熬过战后最艰难的重建年代。

我去佐贺阿嬷家的时候，我八岁，阿嬷五十八岁。初见，满以为会有亲切的问候，孰料第一句听到的却是："跟我来！"原来她要教我学习如何生火煮饭。她说："从明天开始，你就要煮饭了，好好看着。"然后，第二天早起，她真的已经出去，我便真的自己生火煮饭。这一做，就做了八年，直至最后我离开佐贺回到母亲的身边。

阿嬷的工作是清洁佐贺大学及其附属中学和小学的教职工办公室和厕所。每次出门，阿嬷腰上总要绑着一根绳子。而绳子的另一端，绑着一块磁铁。每走一步，都会发出"嘎啦嘎啦""嘎啦嘎啦"的声音。原来，一路走过，钉子啦，废铁呀什么的，都会很自然被磁铁俘获。阿嬷说，这是赚一点外快。所以说赚，阿嬷的理由是："这些废铁拿去卖，可以卖不少钱哩。不捡起掉在路上的东西，会遭老天惩罚。"

更厉害的是，阿嬷居然凭借一根木棒，把屋后的河塘变成她的超级市场。木棒拦下的树枝和木片晒干了可以当柴火烧。阿嬷说，这样既可以保持河水干净，又有免费柴火烧，一举两得。木棒还可以拦下一些果蔬，譬如尾部开杈的萝卜、畸形的小黄瓜，果皮受损的水果，甚至完好无损的蔬菜。阿嬷说，切开来吃，味道一样。阿嬷家的大部分食物，都仰仗河里漂来的蔬果。她很得意自己的杰作。

贫穷的日子简单又不乏快乐，以树果为零食，自己做玩具，运动也只是跑步。其实，我也想过学点什么，譬如剑道、柔道。但无一例外，遭到阿嬷的严词拒绝，因为都不免费。她推荐我跑步。理由是：不需要护具，马路也是免费的。于是，我就开始跑步。放学后，当大伙儿都快快乐乐去玩球或是进行其他活动的时候，我就去校园里跑步。全速奔跑五十米，一遍又一遍，每天都是。可阿嬷还有建议：不要拼命跑，因为肚子会饿；要光着脚跑，否则鞋子会磨坏。我没有听从她的吩咐，不过每天的确都在拼命地跑，从无间断。结果，因为阿嬷建议而埋头苦练的不花钱的跑步运动，我的成果出乎意料地丰硕：只要运动会，只要跑步，从低年级到高年级，直至初中毕业，我次次第一。因为跑步快，后来我进入棒球队，甚至初中的时候，我还成了棒球队的队长。

我们的生活过得很艰难，尤其是秋冬。寒气逼人的时候，人似乎更容易饿。三年级的某天，我放学回家，书包还没放下就嚷着饿。阿嬷却说我神经过敏。我说出去玩一会儿，阿嬷却说不行，睡觉吧，出去玩肚子会饿。第二天早起我说想吃早餐，阿嬷却说早餐不是昨天吃过了吗？快上学，学校有营养午餐哦。就这样，我熬过两餐。但谁能想到，就是这样的阿嬷却能智慧地打破"热水袋只是暖脚工具"的传统观念束缚，

将热水袋的功能发挥至极致，既可以暖脚，又可以用来做热水瓶用。初中三年级，我告诉阿嬷我当上棒球队长的消息时，阿嬷听罢突然就站起身拿了一万元就往外走："我去买双钉鞋。"最后，她坚持买了"最贵的"钉鞋给我。阿嬷从未拒绝过别人的求助。大郎舅公来借钱，阿嬷立刻打开柜子拿出钱来，并声称"什么时候还都行"。

阿嬷说，真正的体贴是让人觉察不到的。也许这是真的。八年后的一个早晨，我拎着行李离开阿嬷家的时候，阿嬷并没有送我，而是像平日的每个早晨一样，去河边洗锅。我说，阿嬷，我走了。她应，好，去吧。我说，阿嬷，八年来谢谢您了。她说，好，去吧。我说，阿嬷……她说，好，去吧。我说，阿嬷，保重。她还说，好，去吧。大概我走出二三十步了吧，才突然听到背后她的声音：不要走……

绿光芒

梅子涵 | 著

　　奶奶并不是亲奶奶，而是小伯伯的妈妈。小伯伯是我父母的朋友。父亲没有被打倒之前，小伯伯是我们家的常客。父亲打倒之后，小伯伯还是我们家的常客。因为长得矮，我叫他小伯伯。初中毕业，我在奉贤星火农场当知青。每月休假四天，每次返程，我都赶在第四天下午才离开家，然后在小伯伯家寄宿一夜，再于次日乘头班车赶回农场。奶奶已经快八十岁，说话声音很低，总是轻悄悄的。我当知青的十年里，每一个月借宿小伯伯家，奶奶都是晚九点多准时来叫我去洗脸洗脚。当我睡下，又总是走到我的床边轻声地问我第二天早上几点叫我，早餐豆浆和大饼油条好不好。到了次日，奶奶又都是很早起床，去买了豆浆和大饼油条，然后轻悄悄喊醒我，催我洗漱，看着我吃，再跟在后面把我送出大门口。十年的时间，奶奶一直这样温暖而有耐心，从不敷衍和冷淡。

　　我是一个普通人，有着普通人都有的缺点：不会巴结人。但出乎意料，却得到前后几任校长的喜欢和关心。还是一九八九年的时候，一次朋友委托我让我所在的单位上海师大接待台湾七位儿童文学作家来访。当时校长是王邦佐。那天，我糊里糊涂就走进了校长的办公室。没有客套，我开门见山表明意思。那是我和王校长的首次谈话，也是我对王校长的首次请求，没超过十分钟。结果，王校长毫不犹豫就答应了，并且

一拍板就是两千元。那时的两千元很值钱！之前和很多教师一样，我一直住着小小的一个房间。因为普通，直到评上了正教授，我才搬进小小的两房。不久，宿舍楼旁边盖了十九层的公寓。我的名字也在分房名单里。有一次，分房办的人居然问我，校长和我是什么关系。我说没有关系，人家不信。因为每次校长过去，都要问我排在第几位。结果，我莫名其妙就分到一套房子，朝南的三房一厅。整栋公寓，向南的三房一厅只有四套，我分了一套。我很意外，也很吃惊。可事实是，我真的分到了。那时候的校长是杨德广。再一任校长是俞立中。第一次见面，俞校长主动找我。我还没有反应过来，他开口就说，我的儿童文学研究上海独一无二，学校计划帮我建立一个儿童文学研究所。那时候，我的手还没有从他的手里抽出来。但一个重大的决定就在我们第一次见面的几分钟里已经做出。之后俞校长紧急调走，但走前一天，儿童文学所的牌子挂了起来。

卢明华和钱忠群都是我的学生，二十多年的时间过去，大家并无交集，各忙各的。但每一个夏天，卢明华都会来电话，然后就给我送来了桃子。每一个春节，钱忠群都会来电话，然后就给我送来海鲜和蔬菜。当初帮助他们的时候，我没有想过海鲜和桃子，可是多少个夏天和冬天过去，即便我拒绝，他们也从不停止……

作者说："生命枝头每一片绿叶或村落的响声里都有闪耀的光芒，感谢我总能看见。感谢我亲爱的父母给我的眼睛。感谢文学给我的词语、句子、神奇的讲述能力。"那么，我们呢？我们得感谢谁？感谢编者，感谢这个秋高气爽的日子里，他们能够让我们与这个名叫梅子涵的作家相遇吧。要不然，我们又怎么会知道平平常常的日子里，还会有那么多的鲜艳和感动呢？

绿山墙的安妮

【加】露西·莫德·蒙哥玛丽 | 著，孙笑语 | 译

安妮出生才三个月，妈妈就得了天花，最后不幸去世。妈妈去世后的第四天，爸爸也因为得了天花离开人世。于是，安妮一夜之间就变成了一个无依无靠的孤儿。之后，安妮曾两次被人收养，一次是八年，一次是两年。但不幸的是，因为种种原因，最终她还是进入了孤儿院。

幸运的是，孤儿院待了四个月，安妮再一次被人收养。只是，所不同的是，与过往不同，这一次收养她的是绿山墙农舍的马修和马瑞拉。马修，五十多岁，终生未婚，为人朴实。马瑞拉是马修的妹妹，一个老姑娘，终生未嫁，心地善良。其实，马瑞拉和马修商量好，是要领养一个男孩儿回家，以便帮助年迈体弱的马修打打下手。但出乎意料，因为传话者的误传，阴差阳错，这一对兄妹迎来了能说会道的安妮。

安妮是个怎样的孩子呢？善良，勤劳，率真，热爱自然，喜欢倾诉，尤其喜好幻想。她完全克制不住，随时随地地幻想。郊游的前一天晚上，玛瑞拉的胸针不见了。种种迹象表明，极有可能是安妮拿了胸针，然后冒冒失失不知放在了什么地方。可尴尬的是，安妮就是不肯承认。没办法，玛瑞拉只好让安妮上楼，老老实实待在房间里，哪儿也不准她去。并且一再强调，除非安妮坦白，否则休想参加任何活动。眼看郊游的日子就要到了，安妮急得团团转。她做了所有可以做的努力。她

甚至许诺，只要玛瑞拉答应她如期去郊游，回来想关她多久就多久。然而，玛瑞拉只要事实真相，只要安妮坦白。第二天清晨，安妮终于坦白了。原来，她的确拿了玛瑞拉的胸针把玩，然后戴在了自己的胸前。她还戴着胸针在大街上转了一圈。不巧的是，回家的时候，经过晶亮湖上的小木桥，她突然想起来要再欣赏一下胸针。结果，正当她呆呆地被闪烁着耀眼光芒的胸针所吸引的时候，胸针从手中滑落，一下子掉进了湖底。整个事件的经过，安妮描述得绘声绘色，玛瑞拉信以为真。但让她吃惊的是，之后她居然在自己的披肩上发现了胸针。对此，安妮的解释是，为了郊游，她不得不编了一个故事，并且，为了让故事编得有趣一些，她还反复练习了好几遍……

当然，让玛瑞拉啼笑皆非的事儿，绝不仅仅如此。六月的一天，太阳落山之后，玛瑞拉突然想起要让安妮去巴里太太家把她最好的朋友戴安娜的样纸借来用一下。不料，安妮非常犹豫。因为绿山墙农舍去巴里太太家，有一片枞树林是必经之地。枞树林本没什么，有什么的是，早在四月的时候，安妮就和戴安娜想着那里有鬼。甚至于，他们都想到鬼出现时的具体场景，譬如总是隐藏在树后面，专等有人路过，然后突然扑出来将人抓住。安妮丰富的想象力，让玛瑞拉大为光火。她决定给安妮一点教训。因此，无论安妮是哭泣还是哀求，都无济于事。安妮看自己逃不过，只好哆哆嗦嗦过了桥，然后又摇摇晃晃走进枞树林。可是，越是往前，她越害怕。因为她总是觉得树后面藏着一双双的眼睛，它们紧紧盯着自己，随时准备把一双枯瘦的魔爪伸向自己。她越想越害怕，越想抖得越是厉害。有时听到风吹起桦树皮的嘶嘶声，她甚至想到后面有一个白衣女子正追自己。于是，她拔腿就跑，一口气跑到戴安娜家。

再之后，她又硬着头皮跑回来。不过，经了前一次的体验，这一回她变聪明了，她索性一进入枞树林就闭起眼睛猛跑。即便撞到树上，只要不被妖怪抓住，她也愿意。好在，有惊无险，最终安妮没有撞到树，踉踉跄跄跑出了"幽灵森林"。只不过，直到站到玛瑞拉的面前，她还依然喘着粗气，牙齿打着战。

就是这样一个安妮。满脸雀斑，长着一头红发，整天说着长句子，唠唠叨叨，说个没完没了。但，第一天马修见到她就喜欢上了她，她来到绿山墙农舍的第二天，玛瑞拉就决定把她留下。至于她的朋友、同学和左邻右舍们，更是对她钟爱有加。因为无论是谁，都曾真切地感受到，只要有安妮的地方，就会有一个快乐的故事。